Die Sehnsucht nach Tiefe und Sinn

Dom John Main (1926-1982)
Portrait von Brenda Bury

Die Sehnsucht nach Tiefe und Sinn

Meditieren lernen mit John Main

AURUM

Titel der Originalausgabe:
THE HUNGER FOR DEPTH AND MEANING
Erschienen bei: MedioMedia
www.mediomedia.org

info@j-kamphausen.de
www.weltinnenraum.de

Übersetzung: Regina Rademächers
Lektorat: Svenja Lutterbeck
Umschlaggestaltung & Satz:
Subsonic Media, Bielefeld
Coverfoto: Thorsten Ulonska,
www.ulonska.net
Foto John Main: Brenda Bury
Druck & Verarbeitung: Westermann
Druck, Zwickau

1. Auflage 2008
Die Deutsche Bibliothek – CIP-Einheitsaufnahme
Ein Titelsatz für diese Publikation ist bei der Deutschen Bibliothek
erhältlich

ISBN 978-3-89901-156-2

*Dieses Buch wurde auf 100 % Recyclingpapier gedruckt und ist alterungsbeständig.
Weitere Informationen hierzu finden Sie unter www.weltinnenraum.de*

In Erinnerung an meine Frau Patricia
und in Dankbarkeit meinem Freund Laurence Freeman,
der mich zu John Main geführt hat.

Über dieses Buch

Dieses Buch umfasst 69 Auszüge der mündlichen Vorträge John Mains, die acht thematischen Oberbegriffen zugeteilt wurden. Diese Auszüge geben einen gut verständlichen Überblick über die Unterweisungen zum Gebet von einem der spirituellen Meister des 20. Jahrhunderts. Die Aufnahmen, von denen diese Auszüge stammen, wurden bei Medio Media veröffentlicht, der Verlags- und Kommunikationsabteilung von *The World Community for Christian Meditation*. Wir haben alles daran gesetzt, die technische Qualität der Aufnahmen zu verbessern und viele davon wurden inzwischen digitalisiert.

Die Auszüge in diesem Buch entsprechen den ursprünglichen Worten John Mains, welche unter dem Titel *The Hunger for Depth and Meaning* als CD-Set erhältlich sind. Seine sehr modernen, christlich-kontemplativen Lehren richten sich an Menschen in sämtlichen Phasen ihres Lebens. Die Lehren berühren ihre spirituelle Seelenqual während des Ringens um eine sinnvolle Gestaltung ihres Lebens.

Viele der frühen klösterlichen Lehrer, wie Evagrius Ponticus im 4. Jahrhundert, vermieden lange, abstrakte Lektionen und bevorzugten die kurzen, kraftvollen Sprüche oder „Kapitel", welche von den Schülern überdacht und sogar auswendig gelernt werden konnten. Und John Main unterrichtete die Meditation in der alten christlichen Tradition.

Dieses Buch kann also als Inspiration und Ermutigung zur zweimal täglichen Meditation genutzt werden. Wer meditiert, der kann es systematisch durchlesen, um kontinuierlich ein breites, aber tiefes Verständnis der Tradition in sich aufzunehmen. Oder man liest es selektiv, nimmt ein oder mehrere Auszüge auf einmal heraus, um sich auf die Meditation vorzubereiten oder diese abzuschließen. Einige Themen werden absichtlich wiederholt, denn ein spiritueller Lernprozess zielt nicht darauf ab, ständig neue Ideen zu liefern, sondern es geht eher um das immer tiefere Eindringen und Verstehen der Wahrheit.

Das Buch kann auch sehr wirkungsvoll in Verbindung mit der CD bei Gruppentreffen eingesetzt werden. Zur besseren Orientierung sind die Vorträge auf der CD mit den gleichen Titeln überschrieben und in gleicher Reihenfolge arrangiert wie im Buch. Um besser planen zu können, ist die Dauer jedes Vortrags angegeben. Typischerweise beginnt eine wöchentliche christliche Meditationsgruppe mit einer Rede von John Main als Vorbereitung für die Phase der stillen Meditation. Nach der Meditation reflektiert die Gruppe oft noch gemeinsam über das Gelernte und wie es ihre eigene spirituelle Reise erhellt.

Inhaltsverzeichnis

John Main und das christliche Gebet

Einer der einflussreichsten spirituellen Lehrer unserer Zeit war der irische Benediktinermönch John Main. Er wurde 1926 in England geboren und starb 56 Jahre später in Kanada. Pater Bede Griffiths schrieb kurz nach Mains Tod, dass dieser heute „der wichtigste spirituelle Führer der Kirche“ sei.

Als junger Katholik, der als Diplomat im Fernen Osten arbeitete, lernte John Main die Meditation durch einen frommen Hindu-Mönch kennen, Svami Satyananda. Niemals wankend im Hinblick auf seinen christlichen Glauben, erkannte John Main sofort den Wert dieser Übungen, welche die anderen Formen des christlichen Gebets vertiefen und bereichern würden. Erst Jahre später wurde ihm bewusst, wie tief dieses stille Gebet des Herzens in seiner eigenen christlichen Tradition verwurzelt war. Und er las von neuem Johannes Cassianus' lebhafte Beschreibung der frühen christlichen Mönche, die Väter und Mütter der Wüste, die nach einfachem Vorbild ihre schlichte Disziplin der *Monologistos – Gebet aus einem Wort* lebten und lehrten. Er sah, wie gut diese Disziplin mit den Ablenkungen umzugehen verstand, die unvermeidbar auf den Geist einwirken, vor allem während des Gebets, aber auch zu anderen Zeiten und bei anderen Gelegenheiten.

Im Mantra erkannte John Main den Weg zur Stille (von den östlichen Christen *hesychia* genannt) oder auch das „reine Gebet“, das „Anbetung in Geist und Wahrheit“ ist. Er sah, wie das Mantra das Herz von widersprüchlichen Wünschen reinigt und uns vereinheitlicht. Der Ort der Einheit ist das Herz, wo wir den tiefsten und natürlichsten Weg zu Gott finden als unsere Quelle und unser Ziel. Er verstand auch, dass uns das Mantra zu einer Armut des Geistes führen kann, eine Besitzlosigkeit, die Jesus als die erste Seligpreisung festsetzte und somit die erste Bedingung menschlicher Glückseligkeit ist.

John Main lernte durch seine eigene Meditationspraxis schnell, dass das morgendliche und abendliche Meditieren den gesamten Tag ausgleicht, jeden Tag des Lebens, durch beständigen tiefen Frieden und Freude. Und immer deutlicher erkannte er die Verbindung zwischen dieser Erfahrung inneren Friedens und Freude mit dem Evangelium und christlichem Glauben. Das Gebet erschien ihm nun viel mehr zu sein, als nur zu Gott zu sprechen oder über Gott nachzudenken. Es ist ein Zusammensein mit Gott.

Für John Main war die Qualität unserer Beziehungen das wahre Maß, mithilfe dessen man das Vorankommen in der Meditation erkennen konnte. Er wusste, dass das Voranschreiten am Ende ein Geschenk der Gnade war – aber auch hier müssen wir unseren Teil dazu beitragen. Wir müssen auf den Ruf der Gnade nicht mit einer bloßen Technik antworten, sondern mit einer Disziplin des Glaubens. John Main – ebenso wie die jahrhundertealte christliche Tradition, von der er sprach – sah in einer frei gewählten Disziplin einen Weg zur Freiheit, nicht zur Knechtschaft. Die spirituelle Disziplin ist eine wertvolle Notwendigkeit, um sich von der Tyrannei der Überheblichkeit, den Zwängen, der Verblendung und der Selbstsucht zu befreien.

Somit war es für ihn erwiesen, dass die Meditation ein Weg des Glaubens ist, und er war sehr erfahren darin, wie und wann sie anzuwenden sei. Die Verpflichtung zu einer individuellen Meditation zweimal täglich und einer Gruppenmeditation einmal wöchentlich ist nur der äußere Aspekt dessen, was John Main lehrte. Er wusste, dass die meisten Menschen entweder halbherzig mit der Meditation beginnen oder aber voller anfänglicher Begeisterung, die dann unvermeidbar, wie jeder Enthusiasmus, wieder abnimmt. Wir beginnen, hören wieder auf, beginnen wieder – oft viele Male. Es dauert für manche Menschen vielleicht Jahre, bis man die grundlegende Disziplin der Meditation ins tägliche Leben eingebaut hat.

Und genau deshalb ist eine Meditationsgruppe so wertvoll. Nicht viele Menschen sind – ganz für sich allein – gut darin, sich selbst zu disziplinieren. Es braucht Zeit und beständige

Ermutigung, sich etwas Gutes anzugewöhnen. Durch das Beispiel und den Zuspruch anderer stärken wir unsere Einsicht, dass die Meditation einfach, aber nicht leicht ist; Leben gebend, nicht Leben verneinend ist – und vor allem ein Weg der Liebe ist. All dies sind Gründe, warum John Main die Menschen, die das Meditieren lernen wollten, ermutigte. Die beständige Meditation kultiviert die Gaben der Gesellschaft, die unter denen erwachsen, die die Reise des Gebets miteinander teilen. Daher die Gestaltung und Unbeirrbarkeit von mehr als tausend Gruppen mit drei, sechs oder zwanzig Mitgliedern, die sich wöchentlich in Kirchen, Häusern, Büros, Krankenhäusern, Hospizen, Gefängnissen, Hochschulen, Schulen und Einkaufspassagen treffen.

Vorwort

Es ist 25 Jahre her, dass Pater John starb. 25 Jahre, seit sein Geist begann, sich durch seine Lehren und seine Gemeinschaft auszubreiten, die damals noch sehr klein, aber schon durch die Stille der Meditation geboren war. Er hatte erst sieben Jahre öffentlich das Meditieren gelehrt. Es gab darauf starke Reaktionen, positive wie auch negative, aber in diesen sieben Jahren hatte er einen klaren und geraden Kurs eingeschlagen – im vollen Vertrauen auf seinen Glauben und seine tief empfundene Mission. Er hatte den Zweck seines Lebens gefunden, und in diesen wenigen Jahren erntete er die Früchte seiner gesamten Lebenserfahrung in einer völligen Selbsthingabe an seine Arbeit, in einer Selbstaufgabe voller Mut und Liebe.

Heute morgen, nach der Meditation, hörte ich mir zwei seiner Vorträge an, und ich bin jetzt, da ich dies schreibe, immer noch verblüfft über die Kraft und Klarheit seiner Lehren. Wie außergewöhnlich einfach und einleuchtend. Wie schmerzvoll und erfreulich direkt. Wie frisch und drängend ist seine Botschaft auch jetzt noch, eine Generation später.

Ich kenne keine andere Lehre in dieser Form, die den Geist des Evangeliums, des Lebendigen Wortes, so direkt und geradeaus mitten ins Herz hineinträgt. Über die Jahre hin, in denen die Bänder aufgezeichnet wurden, hat sich seine Stimme verändert. Auf denen der frühen Jahre hört man die körperliche Vitalität und Leidenschaft seiner unterrichtenden Autorität. In den Vorträgen, die in den letzten Monaten vor seinem Tod aufgenommen wurden, hört man, dass seine Stimme schwächer wird. Doch hier ist eine andere Form der Stärke. Während seine Gesundheit schwand, brannte sein inneres Licht umso intensiver, und sogar die Stille zwischen den Sätzen ist mit einer Kraft gefüllt, die seine Worte noch tiefer in das Gedächtnis und das Herz der Zuhörer eindringen lässt.

Fast jeder Vortrag enthält eine Passage aus der Bibel als Inspiration und als Ausgangspunkt. Anschließend beginnt eine reichhaltige Abwandlung seiner wichtigsten Themen, veranschaulicht und verwurzelt in seiner eigenen Erfahrung. Jeder Vortrag ist immer wieder neu, sobald man ihn hört. Seine Wurzel ist die leidenschaftliche Überzeugung, dass uns das Evangelium zur Fülle des Lebens einlädt, zur Fülle der Freiheit des Geistes. Die Meditation ist der Weg, mithilfe dessen wir dies praktisch erfahren und nicht nur spekulativ darum wissen. Er glaubte an den klaren Gedanken und den rechten Umgang mit dem Intellekt, aber er wusste auch, dass dies nicht der eigentliche Kern der Sache war. Sogar in diesem Leben, so sagte er, können wir etwas von dem Sturzbach der Liebe erfahren, der die innere Dynamik der Dreieinigkeit ist. „Die großzügige Unermesslichkeit, die wir Gott nennen", so nannte er es.

Was fand ich so inspirierend und bewegend, als ich heute Morgen der Stimme von Pater John lauschte? Ich denke, es war die Sanftheit und Liebe in seiner Rede – keine Kompromisse zu schließen, unser Potenzial nicht herunterzuspielen, sondern ganz und gar auf die göttliche Liebe zu antworten, die in uns eindringt und unser Sein und all unsere Erfahrungen erfüllt. Was einen ebenfalls so sprachlos macht, ist die Einfachheit seiner Überzeugung, dass der Weg der Weg des Mantras ist. Dies ist für ihn keine Flucht vor der Herausforderung, eins zu sein, sondern ein Weg, eins zu werden. Es ist ein Weg der Konzentration, nicht der Zerstreutheit.

> *Wenn wir nur die Einfachheit erlernen könnten, das Wort in kindlichem Vertrauen zu sagen, dann würden wir uns in Gott verlieren und einen Weg hin in eine Beziehung zu allen finden, hinein in die Liebe.*

Nach 25 Jahren der Gemeinschaft könnten wir heute an einem Punkt angelangt sein, an dem wir unsere Energie verlieren und in eine Art Trott verfallen. Wenn dies nicht so ist, dann liegt das nur an der Reinheit und Einfachheit der Botschaft, die ich in den Worten und in dem Schweigen von Pater John heute Morgen gehört habe. Wir müssen die Unvoreingenommenheit, die er lebte und lehrte, tiefer leben. Wenn wir uns dahin aufmachen, was für mich die dritte Phase unseres Lebens als Gemeinschaft ist, dann müssen wir auf eine Veränderung vorbereitet sein. Es ist alles eine Manifestation derselben geheimnisvollen Anwesenheit des Gottes, dessen Geburt wir gerade gefeiert haben, und der jedes Mal, wenn wir meditieren, tief in uns geboren wird.

Die Botschaft, die Pater John und wir mit der Welt teilen sollen, wird dringender gebraucht denn je. Eine neue Generation muss sie erfahren, und jeder von uns ist aufgerufen – vorrangig und als ein Teil unserer eigenen Reise – alles dafür zu tun, dass sie gehört wird. Die freudige Kraft der Lehren von Pater John ist es, die es so deutlich macht, was diese Vision ist und was sie bedeutet.

Laurence Freeman OSB
Direktor, The World Community for Christian Meditation

Einleitung

Ich begann mit diesem Buch vor fünf Jahren, im Juni 2003. Schon bald darauf erfuhren meine Frau Patricia und ich, dass sie sehr krank war – Magenkrebs im fortgeschrittenen Stadium. Das war für uns als Lebenspartner die größte Herausforderung. Die Prognose war zunächst, dass sie nicht mehr als ein paar Monate zu leben hatte. Aber sie stellte sich mutig der Krankheit entgegen. Die 19 Monate, bevor sie starb, begannen in Panik, wurden aber zu einer Reise in den Frieden. Es war paradoxerweise die glücklichste Zeit für uns als Ehepaar.

John Main nannte die Meditation unseren ersten Tod, den Tod des Egos, und er sah die Meditation als grundlegende Vorbereitung für unseren zweiten und letztendlichen Tod. Als Meditierende hatten Patricia und ich die Früchte der Meditation in der Kunst des Lebens erfahren. Aber es war unsere Reise von der Panik zum Frieden, die uns die gesamte Kraft der Meditation in der Kunst des Sterbens enthüllte.

Als Pater Laurence Freeman fragte, wie ihr die Meditation dabei half, mit der Krankheit fertig zu werden, antwortete sie: „Ich habe nicht gedacht, dass es funktionieren würde, bis jetzt, wo es funktioniert. Wenn man meditiert, dann sieht man nicht die Erfolge und man denkt immer ‚Bin ich immer noch dasselbe schlechte Selbst' und ‚Meine Meditation ist immer noch voller Ablenkungen' oder ‚Ich bekomme gar keine Visionen von irgendetwas Dramatischem'. Aber in Zeiten der Krise wie dieser, wenn ich nicht verstehen kann, woher ich so viel Frieden habe, dann weiß ich, dass all die Jahre des Praktizierens wirklich dann ihre Früchte bringen, wenn ich sie brauche."[1]

1 From Panic to Peace, eine DVD, veröffentlicht bei Medio Media, präsentiert Patricia in Gesprächen mit Pater Laurence Freeman und Peter Ng, wie sie über die Bedeutung des Lebens, des Sterbens, des Leidens, des Glaubens, der Beziehungen und der Gemeinschaft reflektiert, und zwar im Licht ihrer Erfahrungen mit dem Krebs und der Meditation.

Patricia und ich waren 18 Jahre zuvor zur Meditation geführt worden. Es war eine Zeit in unseren Leben, in der wir nach einem sinnvollen spirituellen Weg suchten. Materiell gesehen ging es uns recht gut, wir hatten viel mehr erreicht, als wir uns in unserer Jugend vorgestellt hatten. Ich war erfolgreich in meinem Beruf und genoss meine Arbeit als Investmentspezialist über alle Maßen. Das Familienleben war glücklich. Unsere zwei Kinder, Terence und Deborah, kamen ins Teenageralter. Patricia hatte vor fünf Jahren ihren Job in einer Bank aufgegeben, um mehr Zeit mit ihnen verbringen zu können. Die Rolle als Mutter füllte sie aus. Und doch gab es für uns beide eine Art der Unruhe inmitten all dieser materiellen Zufriedenheit. Irgendwie fühlten wir, dass es mehr im Leben geben müsse als das. Wir suchten nach einem spirituellen Weg, der mehr Bedeutung in unsere Leben bringen könnte. Vielleicht ist es dieses Gefühl, das Pater Laurence in der Einführung zu „Light Within" als eine „nicht identifizierbare Pein des Geistes, die an der Oberflächlichkeit und Bedeutungslosigkeit des modernen Lifestyles kratzt" bezeichnet, die uns für die „Reise hinein ins Herz" öffnete.

Unsere spirituelle Suche zeigte uns, dass die Meditation in der buddhistischen und hinduistischen Tradition von grundlegender Bedeutung ist. Als Christen wunderten wir uns, ob es wohl auch eine ähnliche Form des Gebetes gab, die in der christlichen Tradition verwurzelt ist. Kurz nachdem unser Interesse an der Meditation geweckt worden war, fiel Patricias Blick beim Eintreten in den kirchlichen Buchladen direkt auf „Light Within". Wir waren beide sehr aufgeregt, besonders Patricia, die sofort mit der im Buch beschriebenen Meditation begann. Ich hingegen verschob diese Reise noch etwas und zog es vor, so lange zu warten, bis ich die Gelegenheit haben würde, einige der Menschen zu treffen, die mit diesen Lehren vertraut waren. Schon bald konnten wir das London Meditation Centre besuchen. Unser Treffen mit Schwester Madeleine und die erste Erfahrung einer gemeinsamen Meditation in der

Gruppe stärkten mein aufflammendes Interesse, und ich fuhr zurück nach Singapur, bereit, mit der Reise zu beginnen.

Es war, wie Pater John sagt, einfach, aber nicht leicht. Bevor es darum geht, mental ruhig zu sein, ist es schon viel schwerer als ich gedacht hatte, überhaupt erst einmal ruhig dazusitzen. Ich begann, indem ich zunächst auf einem Stuhl saß, aber vielleicht wäre es ja ehrfurchtsvoller und auch bequemer, auf dem Boden zu sitzen. Es machte keinerlei Unterschied, weder für den Körper noch für den Geist. 20 Minuten, ganz zu schweigen von 30, schienen unmöglich zu sein. Um nicht ganz aufgeben zu müssen, reduzierte ich die Zeit der Meditation auf zehn Minuten, aber die Ablenkungen brachten immer wieder große Enttäuschungen mit sich. Die Stille der Meditation war ein fruchtbarer Boden für Träume und Pläne. Die meisten von uns führen ein sehr nach außen gerichtetes Leben. Wenn wir nun damit anfangen, das Meditieren zu erlernen, dann sind diese Gebete zunächst nur Erweiterungen unserer äußeren Interessen. Ich fragte mich, wann ich mit der inneren Reise beginnen würde. Ein Jahr lang kämpfte ich mit zahllosen Fehlstarts. Die Schwierigkeit, in die Stille der Meditation einzukehren, in Verbindung mit den täglichen Belangen des Geschäfts- und Privatlebens, sorgte dafür, dass ich meditierte, wann ich konnte oder mich danach fühlte – nicht aber, wann ich es sollte. Es gab immer Gründe, eine Meditation ausfallen zu lassen. Was mich wirklich dazu bewog, weiterzumachen, war Patricias Durchhaltevermögen, den Pfad weiterzugehen, und dies erinnerte mich ständig an meine eigene Aufgabe.

Der kritische Punkt meiner Reise kam im Februar 1988, als Pater Laurence auf seiner Reise nach Australien Singapur besuchte. Es war unser erstes Treffen. Ich erinnere mich daran, dass wir mit seinem Buch am Flughafen winkten, damit er uns erkennen würde. Mit unserem Gemeindepfarrer, Pater Alfred Chan, hatten wir es arrangiert, dass Pater Laurence in der Holy Family Church vor der Gemeinde sprechen würde. Fast

400 Menschen nahmen an dem Treffen teil. Wir waren über den großen Andrang erstaunt, wir konnten fühlen, dass die Meditation, die auf seine Rede folgte, eine neue Dimension der Verehrung in unsere Kirche bringen würde. Bevor er Singapur verließ, schlug Pater Laurence vor, dass wir eine wöchentliche Meditationsgruppe ins Leben rufen sollten. Noch voller Begeisterung stimmte ich zu und fand, dies sei eine vernünftige Reaktion auf den regen Zuspruch, den seine Rede erhalten hatte. Am nächsten Tag, als ich über das Vorhaben nachsann, schreckte ich zurück, als ich erkannte, wie schlecht ich darauf vorbereitet war, solch eine Gruppe anzuleiten. Ich konnte ihr nicht wirklich erklären, dass die Lehre besagte, dass sie jeden Tag meditieren sollten, zweimal täglich, und jedes Mal mindestens für zwanzig Minuten, wenn ich doch selbst die Disziplin nicht aufbringen konnte. Dieses Dilemma zeigte mir, dass die Zeit gekommen war, eine Verbindlichkeit einzugehen. Ich musste die Prioritäten in meinem Leben neu ordnen. Drei Wochen lang fand ich irgendwie die Zeit, morgens und abends zu meditieren, und ich hatte die nötige Standhaftigkeit, mich den Ablenkungen und körperlichen Beschwerden entgegenzustellen. Ich erkannte, dass die Disziplin möglich war. Heute haben wir in 18 Gemeinden 27 Gruppen. Ich habe erkannt, dass die Arbeit mit den Gruppen mir größtmöglichen Halt und Unterstützung auf meiner eigenen Reise gab. Ich habe auch entdeckt, dass mein eigenes Vertrauen in diese Disziplin das wichtigste Instrumentarium ist, diese Lehre erfolgreich weiterzuvermitteln.

Wie hat die Meditation mein Leben verändert? Pater Laurence hat gesagt, dass es sehr schwierig zu erklären sei, wie das Aufsagen des Mantras das eigene Leben so sehr verändern kann, dass man es in jeder Beziehung fühlt, in jedem Projekt, das man angeht, und in der Arbeit, der man nachgeht. Nichtsdestotrotz legt er nah, dass „das einfache Aufsagen des Mantras uns dazu verpflichtet, aus den Konsequenzen des Aufsagens des Mantras zu leben. Wir können nicht jeden

Tag meditieren und trotzdem ein Leben der Irreführung, des Selbstinteresses, der Rache führen. Wenn auch stufenweise, so müssen wir doch damit beginnen, uns einem täglichen Leben der Wahrhaftigkeit zu verpflichten, zur Liebe, zu Gott."

Pater Laurence fuhr fort zu erklären, dass der Kern Pater Johns Lehren ist, lernen zu sein – und dann werden wir wissen, was zu tun ist. Was wir tun, wird nur tief und nachhaltig verändert durch das, was wir sind. Dies sind Wahrheiten, die ich auf der Reise der Meditation gelernt habe. Der Weg zur Ruhe, zur Stille und Einfachheit ist der Weg der Ruhe, Stille und Einfachheit. Der Weg zur Verbindlichkeit und Disziplin ist der Weg der Verbindlichkeit und Disziplin. Der Weg zu Glaube und Liebe ist der Weg des Glaubens und der Liebe. Um das Ziel zu erreichen, muss man auf dem Weg sein. Die Meditation ist der Weg.

Ich habe nun eine Ahnung davon, was Pater John meinte, als er sagte, dass die Meditation eine neue Dimension unglaublichen Reichtums bringen würde und die großartige integrative Kraft im Leben eines jeden sein würde, die Tiefe und Perspektive in alles bringt, was wir sind und was wir tun. Sanft, aber beständig gibt es eine Reorientierung in der Richtung des Lebens. Prioritäten werden deutlich. Belanglosigkeiten werden entweder fallen gelassen oder lösen sich auf. Ich fühle, wie eine energiegebende Ausgeglichenheit beginnt, die Arbeit, das Familienleben, das körperliche Wohlsein und das spirituelle Leben in Harmonie zu bringen.

Der Prozess des Lebens selbst wurde bereichert. Es ist zum Beispiel unglaublich, wie die tägliche Praxis der selbstlosen Aufmerksamkeit im Aufsagen des Mantras die Aktivitäten des Tages durchdringen kann. Wenn ich dieses aufmerksame Bewusstsein auf die Dinge richten kann, die ich tue, sei es spazieren gehen, lesen oder Golf spielen, dann bringt es mich in eine tiefere Verbindung mit dem gegenwärtigen Augenblick des Lebens und der Welt der Schöpfung. Man beginnt, das reine Geschenk des Lebens zu würdigen.

In den letzten 40 Jahren der Jugend und des Erwachsenseins habe ich mich mit vielem beschäftigt, sei es beruflich, sozial oder spirituell, und früher oder später wieder das Interesse daran verloren. Ich wundere mich immer noch, warum ich der Meditation treu geblieben bin. Der Reichtum und die Autorität der Lehren von Pater John und Pater Laurence waren ein ständiger Quell, nährend und inspirierend. Aber ich glaube, es ist vor allem die sich selbst bewahrheitende Erfahrung der Meditation, die mich dabei bleiben lässt. Nur durch die Meditation kann man es als eine Reise des Glaubens und der Liebe erfahren und verstehen. Nur durch das Meditieren kann man sowohl die innere Transformation als auch die Manifestation der Früchte der Meditation im alltäglichen Leben erkennen.

Bezüglich der Lehren wurde ich besonders von einigen Aussagen Pater Johns inspiriert, die seine Einsicht belegen, dass der Weg der Meditation im Evangelium verwurzelt ist. Er erklärt, dass meditieren bedeutet, in der innewohnenden Gegenwart des Heiligen Geistes zu sein. Das Ziel des Gebetes ist es demnach, unsere Gebete hinter uns zu lassen, sodass wir an dem Gebet Christi teilnehmen können, dessen Geist ständig in uns betet. Die Meditation ist unsere Antwort auf den Ruf Jesu, unser Selbst hinter uns zu lassen und ihm ihn die Jüngerschaft zu folgen.

Pater John sah in der Meditation unsere Antwort auf die Liebe und Großzügigkeit Gottes: Eine Großzügigkeit, die sich in der Menschwerdung und dem Leben Jesu offenbart, eine Selbstlosigkeit, die den Tod am Kreuze annahm. Die Meditation ist unser Weg zu genau dieser Großzügigkeit. Unsere Meditation versetzt uns in die Lage, uns völlig in unserer Ganzheit Gott darzubieten. Es ist vielleicht das Größte, das wir als bewusst denkende Menschen tun können – unser Bewusstsein Gott darzubringen. Ich hatte nicht die Gelegenheit, Pater John zu treffen, aber die Kraft und die Autorität seiner Stimme auf den „Communitas-Bändern" haben mich tief bewegt.

Bei meinem Bemühen, die Reise der Meditation zu beginnen und fortzuführen, hat es mir sehr geholfen, die Lehren von John Main zu lesen oder ihnen zuzuhören. Seine Lehren inspirierten und nährten mich, wenn ich schwankte, und sie hielten mich auf dem rechten Weg. Dieses Buch ist mein Versuch, seine Lehren zu filtern und sie thematisch zu präsentieren, sodass sie hilfreich sein mögen für alle, die den Weg mit der autoritativen, aber doch freundlichen Führung eines Meisters des Gebetes beschreiten wollen.

Peter Ng
Präsident
World Community for Christian Meditation (Singapur)

Peter Ng meditiert seit 1988 in der christlichen Tradition. Er ist Treuhänder der *World Community for Christian Meditation (WCCM)* und Mitglied des Vorstands.
Peter ist Chief Investment Officer und Board Director der Government of Singapor Investment Corporation. Er leitet dort ein Team von Investment-Spezialisten, die nationale Gelder in internationalen Finanzmärkten investieren.

1 Die Essenz

Die Essenz der Meditation ist zu lernen, zurückzustehen und Gott zu erlauben, sich an die vorderste Stelle unseres Lebens zu setzen, den Schritt zurückzugehen von der Selbst-Zentriertheit hin zur Gott-Zentriertheit. Das Ergebnis ist, dass wir unseren eigenen Platz in der Welt finden, dass sich unsere Beziehungen richtig platzieren – unsere Beziehungen miteinander, unsere Beziehung zur Schöpfung und unsere Beziehung zu Gott.

John Main

1.1 Die Fülle des Seins

Ich dachte mir, es wäre heute Abend nützlich, wenn ich versuchen würde, die wesentlichen Elemente der Meditation für Sie zusammenzufassen.

Ich möchte damit beginnen, Ihnen etwas aus den paulinischen Briefen an die Epheser vorzulesen. Paulus reflektiert über das uns innewohnende Potenzial, ein reicheres Leben zu führen, ein Leben, verwurzelt im Mysterium Gottes.

> *Daher beuge ich meine Knie vor dem Vater, nach dessen Namen jedes Geschlecht im Himmel und auf der Erde benannt wird, und bitte, er möge euch aufgrund des Reichtums seiner Herrlichkeit schenken, dass ihr in eurem Innern durch seinen Geist an Kraft und Stärke zunehmt. Durch den Glauben wohne Christus in eurem Herzen. In der Liebe verwurzelt und auf sie gegründet, sollt ihr zusammen mit allen Heiligen dazu fähig sein, die Länge und Breite, die Höhe und Tiefe zu ermessen und die Liebe Christi zu verstehen, die alle Erkenntnis übersteigt. So werdet ihr mehr und mehr von der ganzen Fülle Gottes erfüllt.* Epheser 3,14-19

Nun, das ist eine wunderbare Beschreibung der Bestimmung, die jeder von uns hat, als Christ, als Mensch. Unser Schicksal ist es, zur Fülle des Seins zu gelangen, zur Fülle Gottes selbst. Mit anderen Worten: Jeder von uns ist aufgefordert zu einer unbegrenzten, unendlichen Entwicklung, wenn wir die Enge unseres eigenen Egos hinter uns lassen und in das Mysterium Gottes eintreten.

Jesus hat uns gesagt, dass der Geist in unseren Herzen zu finden ist. Das Meditieren entdeckt diese Wahrheit, diese Wirklichkeit tief in uns selbst. Der Geist, den in unseren

Herzen zu finden wir eingeladen sind, ist die kraftvolle Quelle, die jeden Teil unseres Lebens bereichert. Dieser Geist ist der Geist des Lebens und der Geist der Liebe. Die Christen sind nicht aufgefordert, halb lebend zu sein, was bedeutet, halb tot zu sein, sondern ganz lebendig zu sein – lebendig mit dieser Kraft und Energie, von der Paulus spricht, die kontinuierlich in unseren Herzen fließt, wenn wir nur die Disziplin aufbringen, uns dahin aufzumachen, Tag für Tag.

Der Weg der Meditation ist Einfachheit, sonst nichts. Wir müssen einfach anfangen und weitermachen. Es ist unabdinglich, den Pfad festzutrampeln, auf dem Weg zu sein, jeden Tag unseres Lebens.

Wenn wir in einigen Augenblicken zusammen meditieren werden, muss jeder von uns still dasitzen. Dieses stille Dasitzen ist von großer Bedeutung. Wir setzen unseren Körper auf dieses Kissen oder auf diesen Stuhl, und wir lassen ihn dort, völlig der Aufgabe des Meditierens gewidmet. Das ist der erste Schritt hinweg vom Egoismus, hinweg von den Sorgen um uns selbst. Wir öffnen unser Bewusstsein dem, was dahinter liegt, hin zur unendlichen Wirklichkeit, die unseren Geist in großzügige Liebe entfaltet. Also sitzen wir still da.

Dann, die Augen langsam schließend, beginnen wir, unser Wort, unser Mantra zu rezitieren. Das Mantra, das ich Ihnen vorschlage, ist das aramäische Wort *maranatha*. Um zu meditieren, müssen wir bloß dieses Wort von Anfang bis Ende aufsagen. Ma-ra-na-tha. Denken Sie nicht darüber nach. Denken Sie nicht über sich selbst nach. Fragen Sie sich nicht: „Ist das reine Zeitverschwendung? Wird es mir irgendetwas bringen? Was werde ich davon haben?" All diese Gedanken müssen von Ihnen abfallen, müssen aufgegeben werden.

Die Meditation bringt uns in einen Zustand ungeteilten Bewusstseins, in dem wir eins werden mit dem Einen, der eins ist.

Die Aufgabe, die Bestimmung, die laut Paulus jeder von uns hat, ist nicht die Aufgabe, nur ein bisschen in den spirituellen Reichtum einzutreten, sondern ganz und gar – ohne Einschränkung, ohne die Kosten abzuwägen – in die Wahrheit einzutreten, die es uns ermöglicht, völlig Mensch zu sein, völlig vertrauend. Darauf vertrauend zu lieben und geliebt zu werden. Wir müssen uns vor Augen halten, dass wir nicht über irgendeine geheimnisvolle, esoterische Doktrin sprechen. Diese Aufgabe, diese Bestimmung, ist für jeden von uns erreichbar. Alles, was wir dazu tun müssen, ist, uns der Reise, dem Praktizieren anzuvertrauen.

Und das Praktizieren sieht so aus – und darin sollten Sie sich von nichts beirren lassen –, dass Sie das Wort von Anfang bis Ende mit zunehmender Genauigkeit aufsagen.

Die Wahrheit ist für uns nicht nur erreichbar, sie ist der Boden, auf dem alle Wirklichkeit steht. Um zu dieser Wirklichkeit zu gelangen, müssen wir lernen, einfach zu sein, still zu sein, ruhig zu sein und aufmerksam zu sein auf das, was ist: die höchste Wirklichkeit der Anwesenheit Gottes, seine Liebe, inmitten unseres Herzens. Also müssen wir lernen aufzuhören, über uns selbst nachzudenken. Wir müssen lernen zu *sein*, in der Gegenwart Gottes zu sein, in der Gegenwart des Einen, der ist, und der den Boden unseres Seins darstellt. Wir müssen keine Angst haben, wenn wir aufbrechen, wenn wir das Selbst zurücklassen und uns aufmachen, das andere zu finden. Wir müssen uns nicht fürchten. Der Geist in unserem Herzen, der Geist, dem wir uns in der Meditation öffnen, ist der Geist des Mitleids, der Zärtlichkeit, der Vergebung, der absoluten Akzeptanz, der Geist der Liebe.

Damit unser Leben ganz menschlich sein kann, müssen wir dem Geist der Liebe in uns selbst begegnen. Dies ist keine Reise für spirituelle Experten, es ist eine Reise für alle, die ihr Leben in Fülle leben wollen.

1.2 Das Ego hinter sich lassen

Was ist die Essenz der Meditation? Worum geht es wirklich?

Man muss lernen, zurückzustehen und Gott zu erlauben, sich in den Vordergrund des eigenen Lebens zu stellen. Wir erleben so oft, dass wir denken, *wir* seien der Mittelpunkt unserer Welt. So viele von uns sehen die Realität, als drehe sie sich um uns. Wir betrachten ganz selbstverständlich Situationen oder Menschen mit der Frage: „Wie wird sich das auf mich auswirken?" Nun, das ist soweit richtig. Aber wenn wir uns wirklich vorstellen, wir *seien* im Mittelpunkt der Welt, dann werden wir niemals eine Situation oder irgendeine Person oder uns selbst so sehen, wie wir wirklich sind. Denn natürlich sind nicht wir im Zentrum der Welt. Gott ist im Zentrum der Welt.

Nun, die Meditation versucht, diesen Schritt weg von der Selbst-Zentriertheit hin zur Gott-Zentriertheit zu gehen. Das Ergebnis ist, dass wir unseren eigenen Platz in der Welt finden. Wir sehen, wo wir sein sollten. Wir finden unsere Beziehungen in der richtigen Reihenfolge wieder – unsere Beziehungen miteinander, unsere Beziehung zur Schöpfung, unsere Beziehung zu Gott. Und wir entdecken, und das ist für uns alle wichtig zu entdecken, dass wir einen wichtigen Platz in Gottes Plan einnehmen. Jeder von uns antwortet einzigartig auf das einzigartige Geschenk unserer eigenen Schöpfung. Vielleicht ist dies das Wichtigste, was der Mensch in unserer heutigen Gesellschaft entdecken muss: die eigene Würde, das eigene einzigartige Geschenk, das Geschenk der eigenen Schöpfung.

Wie kann man dies in Angriff nehmen? Meditation ist eine Disziplin, es ist die Disziplin, zu lernen wie man zurücksteht – zu lernen, unsere Aufmerksamkeit, oder besser unser ganzes Sein, auf Gott zu richten. Wir müssen irgendwo beginnen. Wir müssen bei uns selbst beginnen. Wir müssen damit beginnen, zu lernen selbst ruhig zu sein. Wir müssen wirklich damit beginnen, zu lernen zu *sein*, wir selbst zu sein – und uns nicht durch eine Aktivität zu definieren, egal ob diese Aktivität eine Arbeit ist oder ein Gedankenprozess, sondern einfach zu sein.

Das ist der Sinn der Praxis und Kunst des Meditierens: zu lernen unser Wort, unser Mantra aufzusagen. Um zu meditieren, müssen wir lernen, uns hinzusetzen und ruhig zu sein, so ruhig wie möglich zu sein, und dann damit beginnen, unser Wort, unser Mantra zu rezitieren – in unserem Herzen, in unserem Geist, in unserem Sein. Das Wort, das ich Ihnen zu rezitieren vorschlage, ist das Wort *maranatha*. Dies sind vier gleich betonte Silben. Sie sagen diese Silben innerlich auf, ruhig, ohne die Lippen zu bewegen. Wenn Sie sie aufsagen, lauschen Sie ihnen: ma-ra-na-tha.

Der Sinn des Aufsagens oder Aussprechens Ihres Mantras ist der, dass dies der Fokus Ihrer Aufmerksamkeit wird, Ihrer Konzentration. Sie denken über gar nichts nach. Sie verfolgen nicht irgendwelche Einsichten, die Ihnen kommen, nicht irgendwelche Gedanken, die Sie sich machen. Sie verlassen diese. Sie lassen sie wegfallen. Sie kommen zu einer immer tieferen Ruhe, in welcher der einzige Klang in Ihrem Geist das Wort ist, das Mantra.

Sie müssen lernen, geduldig zu sein, sehr geduldig zu sein, und die Rezitation des Mantras wird Sie das lehren. Bei der Meditation versuchen wir nicht, Gott zu besitzen. Wir versuchen nicht, einige profunde Einsichten über Gott zu erlangen. Wir versuchen lediglich die Person zu sein, die wir berufen wurden zu sein. Wir versuchen nur, das Geschenk unserer eigenen Schöpfung so gut wie möglich zu akzeptieren und so gut wie möglich darauf zu antworten. Um dies zu tun, müssen wir lernen, ruhig zu sein, still zu sein, wirklich bescheiden zu sein.

Sie alle kenne das Wort Egoismus. Das Wort Ego wird in der modernen Sprache häufig benutzt. Grundsätzlich lassen wir in der Meditation das Ego zurück. Wir versuchen, nicht mit dem

Ego zu sehen, sondern wir versuchen, wir selbst zu sein, unser wahres Selbst. Das Verrückte daran ist, dass sobald wir es aufgeben, sehen zu wollen, wir es aufgeben, besitzen zu wollen – wir alles sehen und alles besitzen.

Wenn Sie anfangen, dann müssen Sie die Einfachheit dessen verstehen. Und diese Einfachheit ist: Jeden Morgen und jeden Abend geben Sie sich die Gelegenheit, zu sein, in äußerster Einfachheit zu sein, in Demut, ohne sich selbst zu fragen: „Was passiert jetzt mit mir?" Sie versuchen nicht, sich selbst zu analysieren: „Macht es mir Spaß? Bekomme ich dadurch irgendetwas?" Während dieser Zeit des Seins legen Sie Ihr selbstreflektierendes Ego völlig zur Seite. Und das machen Sie jeden Morgen und jeden Abend. Und während der Meditation sagen Sie nur Ihr Wort, von Anfang bis Ende: ma-ra-na-tha. So fängt man an.

Sie müssen mit Zuversicht beginnen. Es gibt keine Möglichkeit abzuschätzen, was passiert, wenn Sie anfangen. Sie müssen im Glauben beginnen. Anzufangen wird Sie zum Glauben führen. Sie können nicht versuchen, zu meditieren – Sie sagen Ihr Wort für drei Minuten und hören dann auf, um zu sehen, wie es mit Ihnen weitergeht. Sie müssen lernen – und Sie brauchen Geduld, um zu lernen –, Ihr Wort vom Anfang bis zum Ende aufzusagen, jeden Tag.

Wo lässt sich dies einbinden, christlich betrachtet? Christlich betrachtet wissen wir, dass Gott uns seinen Geist geschickt hat, damit er in unseren Herzen wohnt. Anders ausgedrückt: Sein Sein ist in uns, und meditieren heißt einfach offen zu sein für sein Sein. Hören Sie, was Paulus an die Korinther schreibt:

> *Denn Gott, der sprach: Aus Finsternis soll Licht aufleuchten!, er ist in unseren Herzen aufgeleuchtet, damit wir erleuchtet werden zur Erkenntnis des göttlichen Glanzes auf dem Antlitz Christi.*
> 2. Korinther 4,6

Dieses Licht und diese Herrlichkeit werden in unseren Herzen sein, wenn wir nur lernen, still zu sein, ruhig zu sein, bescheiden zu sein. Das ist der wahre Zweck des Mantras – uns zu dieser Stille, Ruhe und Bescheidenheit zu führen.

1.3 Unser Potenzial entdecken

Das Grundlegende, das wir von der Meditation lernen, aus unseren eigenen Erfahrungen, ist, dass Gott Geist ist. Er ist der Atem des Lebens. Er ist Gegenwärtigkeit, und er ist gegenwärtig tief in unserem Sein, in unseren Herzen. Was wir entdecken, wenn wir nur beharrlich sind, ist, dass in der Kraft seines Geistes jeder von uns regeneriert, erneuert, wiedererschaffen wird, sodass wir eine neue Schöpfung in ihm werden. „Ich habe meinen Geist auf diese Menschen geschickt", sagt der Prophet Ezechiel. Und der Geist ist die Gegenwart der Macht, die Macht der Liebe.

Die Meditation lehrt uns, dass dies die grundlegende Weisheit ist, auf der Leben und wahre Religion aufgebaut werden. Wir entdecken, dass wir unsere Leben nur dann ganz leben können, wenn wir immer offen sind für diese geheimnisvolle Gegenwart des Geistes und uns immer tiefer dieser Gegenwart öffnen. Das ist die Pilgerreise, die wir jedes Mal beginnen, wenn wir uns hinsetzen, um zu meditieren. Wir öffnen unseren Geist, unser Herz, unser Bewusstsein der ultimativen Realität, die ist, die jetzt ist, die hier ist. Indem wir offen für das Mysterium sind, für diese Realität, werden wir aus uns selbst herausgehoben, über uns hinaus, hinein in dieses absolute Mysterium, das Gott ist.

Das ist das Mysterium: das Königreich des Himmels. Und das Königreich des Himmels ist *jetzt*. Es wurde gegründet von Jesus: „Die Zeit ist erfüllt, das Reich Gottes ist nahe. Kehrt um, und glaubt an das Evangelium!" (Markus 1,15) Umzukehren bedeutet hier, sich einfach in die Richtung Gottes zu richten. Umkehren ist weniger ein Abwenden von uns selbst, sondern vielmehr über uns hinaus. Das heißt nicht, uns selbst abzulehnen, sondern unser wunderbares Potenzial zu finden, zu entdecken, wenn wir in völliger Harmonie mit Gott sind. Das ist die positive Basis des Christentums. Für einen Christen sind weder das Selbst noch die Sünde das Wichtigste.

Das Wichtigste sind Gott und die Liebe und, so weit wir betroffen sind, das Heranwachsen in dieser Liebe. Heranwachsen in Offenheit für diese Liebe zu uns, und wir wachsen heran, indem wir antworten und diese Liebe zurückgeben.

„Bereue und glaube an das Evangelium!" An das Evangelium zu glauben bedeutet, für unser Potenzial offen zu sein, das Potenzial, dass ein jeder von uns besitzt in dem ungewöhnlichen Plan der Erlösung. Das ist es, was Jesus in den Herzen eines jeden von uns enthüllt, wenn wir uns auf die Reise zur Ruhe machen, die Reise zur völligen Verpflichtung zu Ruhe und Offenheit – jeden Morgen und jeden Abend. Was er in uns enthüllt ist, dass wir für die Liebe, die Freiheit, die Tiefe und die Erfüllung geschaffen wurden. Und all das erkennen wir, wenn wir das Mysterium des Königreichs betreten, das in uns ist. Dieses Mysterium wird nun durch das großzügige Geschenk Christi offengelegt. Das Königreich ist errichtet.

Denken Sie an die Praktiken. Lernen Sie, ruhig zu sein und die Ruhe zu lieben. Wenn wir meditieren, dann schauen wir nicht nach Botschaften oder Zeichen oder Phänomenen. Jeder von uns muss lernen, bescheiden, geduldig und voller Vertrauen zu sein. Wir müssen lernen, still zu sein. Wir müssen lernen, unser Herz von allem zu befreien, was nicht Gott ist, denn er braucht den ganzen Raum, der in unserem Herzen ist. Wir lernen diese Reinheit des Herzens, indem wir unser Mantra mit absoluter Genauigkeit aufsagen. Das Mysterium ist absolute Wahrheit, absolute Liebe, und auch unsere Antwort darauf muss absolut sein.

Paulus schrieb an die Korinther:

> *Als ich zu euch kam, Brüder, kam ich nicht, um glänzende Reden oder gelehrte Weisheiten vorzutragen, sondern um euch das Zeugnis Gottes zu verkündigen … Zudem kam ich in Schwäche und in Furcht, zitternd und bebend zu euch. Meine Botschaft und Verkündigung war nicht Überredung*

durch gewandte und kluge Worte, sondern war mit dem Erweis von Geist und Kraft verbunden, damit sich euer Glaube nicht auf Menschenweisheit stützte, sondern auf die Kraft Gottes.
1. Korinther 2,1; 3-5

Lasst uns nun, in unserer Meditation, unsere Herzen darauf vorbereiten, offen für diese Kraft zu sein.

1.4 Die ultimative Bedeutung

Warum meditieren wir? Keiner von uns, so vermute ich, würde meditieren, wenn wir nicht erkannt hätten, dass das Leben und zu leben mehr bedeutet, als bloß Produzent oder Konsument zu sein. Wir alle wissen, dass wir keine dauerhafte oder ultimative Bedeutung darin finden können, zu konsumieren und zu produzieren. Also suchen wir die ultimative Bedeutung. Wir finden zur Meditation, weil ein unfehlbarer Instinkt uns leitet. So, wie wir keine höchste Befriedigung daraus ziehen können, zu konsumieren und zu produzieren, so können wir keine ultimative Bedeutung finden, wenn wir sie nur außerhalb unseres Selbst suchen. Wir müssen in uns selbst beginnen.

In unserer Gesellschaft gibt es viele Menschen, die vor den Problemen des Seins, des Lebens und des Sinns die Augen verschließen. Und Marx, der einen großen Einfluss auf die Gesellschaft, in der wir leben, ausgeübt hat, sah die Religion als Opium für das Volk. Sicher kann man kann die Religion als eine Art Betäubungsmittel nutzen, als ein Mittel zur Beruhigung oder zur Unwissenheit.

Aber die christliche Meditation hat nichts mit Betäubungsmitteln zu tun. Meditation ist der Weg zur Erhellung, zum Licht und zum Leben. Die Botschaft Christi ist voller Lebenskraft und Erhellung: Erleuchtung. Der Weg dahin ist der Weg des Auf-eins-gerichtet-Seins, nicht von den Dingen abgelenkt zu sein, die vergänglich sind, sondern noch tiefer dem verpflichtet zu sein, was dauerhaft ist, was ewig währt.

Unser eigener Geist ist dauerhaft. Unser eigener Geist währt ewig in Gott. Das ist als intellektuelle Einsicht oder als religiöse Einsicht oder als religiöse Überzeugung stimmig. Aber die Aufgabe des Christentums ist die Aufgabe jeder wahren spirituellen Doktrin. Die Aufgabe ist, sich selbst für den eigenen ewigen Geist zu öffnen, offen zu sein für die eigene Verwurzlung in der Ewigkeit, zu beginnen, den Weg zu betreten, die

Pilgerreise zur Fülle des Lichts und zur Fülle der Bedeutung. Aber was ist der Weg?

Der Weg ist der Weg der Armut, der Einfachheit. Ich möchte Sie noch einmal an den Weg der Meditation erinnern. Setzen Sie sich und sitzen Sie still, schließen Sie Ihre Augen und beginnen Sie damit, Ihr Wort *maranatha* aufzusagen. Sprechen Sie es bewusst, aber entspannt, sagen Sie es voller Glauben und doch gelassen. Vier Silben, alle gleich betont: ma-ra-na-tha.

Wir sprechen das Wort, weil die Pilgerreise eine Pilgerreise über uns hinaus ist, über unsere eigene Beschränkung hinaus. Um über uns selbst hinauszugehen, müssen wir Gedanken und Vorstellungen überschreiten. Das Wort ist der Weg, das Gefährt, das uns davonträgt. Die Herausforderung der Meditation ist, das Wort zu sagen, und es immer wieder zu sagen, während wir lernen, geduldig zu sein, lernen, zu warten, und lernen, dass der Weg nach vorn der Weg in unser eigenes Zentrum ist. Der Weg zum Reichtum ist der Weg der Armut. Der Weg zur Erleuchtung ist der Weg der Dunkelheit. Wir müssen voranschreiten mit noch größerer Disziplin, mit noch größerem Vertrauen.

Aber Sie müssen verstehen, dass der Weg einfach ist, nicht kompliziert. Der Weg ist sicher. Alles, was man tun muss, ist täglich auf ihn zurückzukommen. Ohne jeden Anspruch, ohne materielles Abwägen des Erfolgs. Einfach treu glaubend, einfache Armut des Geistes; jeden Morgen und jeden Abend die Zeit dem widmen, was nicht vergänglich ist, sondern was dauerhaft ist – Ihr eigener Geist, lebendig und voll des Lichtes Gottes.

1.5 Erweiterung des Seins

Wir meditieren, weil wir wissen, dass der menschliche Geist für eine unendliche Erweiterung des Seins geschaffen wurde. Der gesamte Glaube des Neuen Testaments und der christlichen Offenbarung beruht darauf, dass jeder Mann und jede Frau auf Erden für dieses Wachsen, diese Tiefe, diese Reife und Vereinigung mit Gott geschaffen wurde.

Ein Einfluss, dem wir alle ausgesetzt sind, ist die Werbung. Bei der modernen Werbung geht es immer darum, was neu ist, was aktuell ist. Auch im Leben, in der Wirklichkeit, sorgen wir uns immer darum, was neu ist, was in ist. Anstatt unser Leben als Ganzes und als einen Prozess des Wachsens und des Reifens und zunehmender Tiefe zu sehen, gehen wir am Ende nur von einer Sache zur nächsten über. Wir verlieren die Verbindung zwischen den Ereignissen, und unser Leben kann leicht abgelenkt werden. Die Neuheiten sind die Ablenkungen, eine nach der anderen. Und wir wissen auch, dass uns schnell langweilig wird, wenn wir unser Leben so leben, dass wir uns von einer Neuheit auf die nächste stürzen. Nichts scheint uns zu befriedigen, wenn wir nur mit Dingen beschäftigt sind, die außerhalb unseres Selbst existieren.

Der Weg der Meditation ist ein Versuch, sein Leben zu leben und das Leben nicht länger so zu verstehen, dass es nur darum geht, immer etwas Neues zu finden. Wir suchen ein Verständnis, das so unendlich größer ist als das. Ein Verständnis dafür, dass jeder Moment des Lebens immer neu ist, nicht nur eine vorübergehende Neuheit. Sie entdecken, dass Sie in jedem Augenblick aus der schöpfenden Hand Gottes herrühren. Sie werden schnell erkennen, dass das Leben immer wunderbar frisch und ständig aufregend ist, denn es erweitert sich immer. Ihre Blicke erweitern sich in die Unendlichkeit, sie bleiben nicht an diesem oder jenem Objekt vorübergehender Befriedigung hängen. Das ist der Grund, warum ein Mensch meditiert.

Nun, was müssen wir tun? Wie beginnen wir? Wenn Sie meditieren möchten, dann ist es zunächst notwendig, dass es Ihnen ernst damit ist. Nicht feierlich förmlich, aber ernst. Sehen Sie es als eine Einladung, als eine Möglichkeit, die Sie hinein in die tiefste persönliche Verwirklichung Ihres Potenzials bringt. Wenn Sie lernen wollen, zu meditieren, dann müssen Sie sich jeden Tag Ihres Lebens die Zeit dazu nehmen. Idealerweise sollten Sie morgens und abends etwas Zeit dafür finden. Die tägliche Disziplin ist sehr wichtig. Sie können nicht die spirituellen Wirklichkeiten aus der Ferne bewundern. Sie müssen sie betreten. Sie müssen schmecken und sehen. Die Zeit, die ich Ihnen für die Meditation empfehle, ist ein Minimum von zwanzig Minuten, und das Optimum ist eine halbe Stunde, jeden Morgen und jeden Abend.

1.6 Rückkehr in unser Zentrum

Ich möchte versuchen, Ihnen heute Abend zu beschreiben, um was es bei der Meditation wirklich geht. Die Meditation ist ein einfacher Weg, zu seinem eigenen Zentrum zu gelangen und in diesem Zentrum zu bleiben – wach, lebendig und still. Das Problem, das viele von uns haben, ist, dass wir auf einer unglaublich flachen Ebene leben. Durch das Meditieren suchen wir unseren Weg zu der Tiefe unseres eigenen Seins.

Das Wort „Meditation" kommt von dem lateinischen *meditare*, dies wiederum lässt an *stare in medio* – im Zentrum verbleiben – denken.

Das Wort Kontemplation meint das Gleiche. Kontemplation bedeutet nicht, auf irgendetwas zu schauen – weder auf Gott noch auf sonst etwas. Kontemplation ist „im Tempel sein" mit Gott. Der Tempel ist unser eigenes Herz, die Tiefe unseres eigenen Seins.

Wir meditieren und lassen die flachen Ebene unseres Lebens hinter uns und betreten etwas, das tiefgründig ist. Beim Meditieren lassen wir die vorübergehenden, kurzlebigen Dinge des Lebens zurück und treten ein in das, was ewig ist. Das höchste Ziel aller Religionen ist eine Rückkehr, eine Rückverbindung mit unserem eigenen Zentrum. Das ist der Sinn und Zweck aller Religionen – dass wir wieder mit unserem eigenen Zentrum verbunden sind.

In der christlichen Offenbarung, in unserem Herzen, in der Tiefe unseres eigenen Geistes lebt der Geist Gottes. Die Wahrheit, die wir aus eigener Erfahrung erkennen können, wenn wir uns nur auf die Pilgerreise begeben, ist die, dass es nur ein Zentrum gibt und dass dieses Zentrum überall ist.

Ich denke, dass ein jeder von uns eigenständig erkennen muss, dass dies die erste Verantwortung in unserem Leben ist. Es ist die erste Verantwortung eines jeden Lebens, das ganz menschlich sein wird: In das eigene Zentrum zurückzukehren und aus der Tiefe unserer eigenen tiefgründigen Möglichkeiten heraus zu leben. Wir entdecken, dass die Rückkehr in unser eigenes Zentrum uns mit allen Zentren vereint. Der wirklich spirituelle Mann oder die wirklich spirituelle Frau lernt, in Harmonie mit sich selbst und in Harmonie mit der ganzen Schöpfung zu leben.

Was wir sagen können, ist: „In seinem eigenen Zentrum zu sein, heißt in Gott zu sein."

Mit den Worten Jesu: „Das Reich Gottes ist (schon) mitten unter euch." (Lukas 17,21) Wir müssen uns daran erinnern, dass das Königreich kein Ort ist, sondern eine Erfahrung. Die Erfahrung ist die Erfahrung der Wirklichkeit der Kraft Gottes. In der christlichen Vision ist es das Wissen darum, dass diese Kraft die Kraft der Liebe ist.

Der Heilige Johannes vom Kreuz drückt es so aus: „Gott ist das Zentrum meiner Seele." Im Zentrum erfahren wir Stille, Ruhe und den Frieden, der über alles Verstehen hinausgeht. Der Weg dorthin ist der Weg des Mantras.

Lassen Sie mich ganz praktisch werden. Beim Meditieren versuchen wir, in eine noch tiefgründigere Einfachheit einzutreten. Der Weg ist der Weg des Verlernens. Der Weg ist der Weg der Enteignung. Der Weg ist der Weg der Einfachheit. Wir verlernen und wir enteignen uns unseres Selbsts, indem wir all unsere eigenen Worte und Gedanken zur Seite stellen und bloß beim Mantra bleiben. Das ist es, was uns zur Tiefe führt.

Was ein jeder von uns verstehen muss, ist Folgendes: Man kann nicht nur ein bisschen meditieren. Wenn Sie meditieren wollen, dann müssen Sie dem Meditieren einen zentralen Platz in Ihrem Leben geben. Sie müssen sicherstellen, dass alles in Ihrem Leben in Harmonie ist mit der Harmonie, die Sie in Ihrem eigenen Geist finden. Sie können kein Doppelleben führen und zugleich ein harmonischer Mensch auf dem Weg zur Tiefe sein, zur Erleuchtung und zur tiefgründigen Belebung. Sie müssen ein einfacher Mensch sein. Sie müssen ein Mensch sein, der die Einheit in seinem eigenen Leben lebt.

Ich möchte zum Ende kommen, indem ich Ihnen aus den Briefen des Heiligen Petrus vorlese. Dies ist etwas, dem alle von uns aufmerksam zuhören sollten. Für diejenigen, die heutzutage lernen wollen zu meditieren, ist es schwer ein Verständnis für das eigene Potenzial aufzubringen sowie einen festen Glauben daran, dass man tatsächlich tiefgründiger leben kann als nur in der Flachheit des Alltags. Die Worte des Heiligen Petrus rufen uns auf, zu erkennen, wer wir sind, unsere eigene Würde zu erkennen, das Wunder unseres eigenen Seins zu erkennen, und vor allem unsere eigene Liebenswürdigkeit zu erkennen.

> *Kommt zu ihm, dem lebendigen Stein, der von den Menschen verworfen, aber von Gott auserwählt und geehrt worden ist. Lasst euch als lebendige Steine zu einem geistigen Haus aufbauen, zu einer heiligen Priesterschaft, um durch Jesus Christus geistige Opfer darzubringen, die Gott gefallen … Ihr aber seid ein auserwähltes Geschlecht, eine königliche Priesterschaft, ein heiliger Stamm, ein Volk, das sein besonderes Eigentum wurde, damit ihr die großen Taten dessen verkündet, der euch aus der Finsternis in sein wunderbares Licht gerufen hat.*
> 1. Petrus 2,4-5,9

2 Die Praxis

Meditation ist sehr, sehr einfach. Machen Sie es nicht kompliziert …
Meditation ist perfekte Stille des Körpers und Geistes. In dieser Ruhe öffnen wir unsere Herzen der ewigen Stille Gottes, um aus uns herausgetragen zu werden, über uns hinaus, durch die Kraft dieser Stille.

John Main

2.1 Wie man meditiert

Um zu meditieren, muss man lernen, still zu sein. Meditation ist die perfekte Stille des Körpers und des Geistes. Wir erreichen die Stille des Körpers, indem wir still dasitzen. Wenn Sie also beginnen, zu meditieren, dann nehmen Sie sich einen Augenblick, um eine bequeme Position einzunehmen. Die einzig wichtige Regel ist, das Rückgrat so gerade wie möglich aufzurichten. Und so ist das Erste, das man lernen muss, völlig still dazusitzen. Ihre Augen sollten leicht geschlossen sein.

Nun zur Stille des Geistes. Der Weg zu dieser Stille bedeutet, still, in der Tiefe des Geistes, ein Wort oder eine kurze Phrase zu wiederholen, dieses Wort immer und immer wieder zu wiederholen. Das Wort, das ich Ihnen empfehle ist das aramäische Wort *maranatha*. Sprechen Sie es mit vier gleich betonten Silben: ma-ra-na-tha. Sagen Sie es still, bewegen Sie nicht Ihre Lippen, sondern rezitieren Sie es innerlich. Rezitieren Sie Ihr Wort vom Anfang bis zum Ende. Lassen Sie Ihre Gedanken los, Ihre Ideen, Ihre Vorstellungen. Denken Sie nicht. Nehmen Sie kein anderes Wort als dieses eine. Lassen Sie es erklingen, sagen Sie das Wort in der Tiefe Ihres Geistes, und hören Sie zu. Konzentrieren Sie sich mit all Ihrer Aufmerksamkeit darauf: ma-ra-na-tha. Das ist alles, was Sie tun müssen.

2.2 Die Grunddoktrin

Die Essenz des Meditierens besteht darin, vom Beginn bis zum Ende der Meditation ein Wort zu rezitieren, das in einigen Traditionen Mantra genannt wird. Die grundlegende Lehre der Meditation lässt sich mit drei Worten wiedergeben: Sag dein Mantra.

Für die Menschen, die gerade damit beginnen, ist es sehr schwer zu glauben, dass es irgendwie bedeutend sein kann, ruhig dazusitzen, die Augen leicht zu schließen und bloß ein Wort zu rezitieren. Sie müssen das einfach glauben, wenn Sie beginnen.

Das Wort, das ich Ihnen aufzusagen empfehle, ist das aramäische Wort *maranatha* – vier gleich betonte Silben. Sorgen Sie sich nicht darum, was es bedeutet, und vor allem, denken Sie nicht darüber nach, was es bedeutet. Denken Sie nicht über Gott nach, denken Sie an gar nichts. Sagen Sie Ihr Wort, sprechen Sie es, und hören Sie ihm zu.

Ich begann vor etwa 30 Jahren mit der Meditation. Ich vermute einmal, dass ich genauso grob war wie jeder andere in meinem Alter, denn ich fragte den Mann, der mich unterrichtete, immer wieder: „Wie lange wird es dauern? Ich kann hier nicht rumsitzen und dieses Wort ewig aufsagen, wissen Sie." Er schaute mich dann mit einem ziemlich schmerzvollen Blick an, und entweder sah er einfach durch mich hindurch, oder er antwortete: „Sagen Sie Ihr Mantra." In den letzen 30 Jahren ist mir die außergewöhnliche Weisheit seiner Lehren immer bewusster geworden.

Sagen Sie Ihr Mantra. Das ist das Erste, das Sie verstehen müssen. Es kann fünf oder zehn Jahre dauern, bis Sie es verstanden haben, das Mantra vom Anfang bis zum Ende der Meditation aufzusagen, ohne aufzuhören. Wir müssen lernen, diszipliniert zu sein, und wir müssen lernen, unsere Gedanken und Vorstellungen völlig zurückzulassen. Das Mantra, die gewissenhafte Rezitation des Mantras, ist der Weg. Wie ich schon sagte, es hat mich einen großen Teil der 30 Jahre gekostet, die Bedeutung dessen zu erkennen.

Meditieren nennt man auch häufig das Gebet des Glaubens. In ihm versuchen wir, das Selbst zurückzulassen und offen zu sein für die mächtige persönliche Gegenwart Christi in unseren Herzen. Das Wort, das wir aufsagen, unser Mantra, ist wie ein Sakrament – das äußere Zeichen unseres Glaubens in seiner Gegenwart.

Egal wie friedlich Sie sich fühlen, rezitieren Sie. Egal wie träge Sie sich fühlen, rezitieren Sie. Egal wie viel es Ihnen bringt, rezitieren Sie. Egal wie wenig es Ihnen bringt, rezitieren Sie Ihr Wort.

Wenn Sie das verstehen können, dann haben Sie fast alles verstanden, was die Grunddoktrin ausmacht: Sagen Sie Ihr Mantra vom Anfang bis zum Ende.

2.3 Zeiten der Meditation

Wenn Sie das Meditieren lernen wollen, dann ist es unerlässlich, dass Sie jeden Tag Ihres Lebens meditieren, wenn möglich morgens und abends. Die optimale Dauer ist ungefähr eine halbe Stunde, das Minimum sind 20 Minuten. Bei allem, was darunter liegt, haben Sie gar nicht erst richtig begonnen. Ich empfehle Ihnen, 25 Minuten zu meditieren und es dann langsam auf 30 Minuten zu steigern.

Wirklich wichtig ist die Disziplin beim Meditieren. Wählen Sie einen Zeitraum: 20, 25 oder 30 Minuten, und meditieren Sie immer so lange. Dabei müssen Sie sehr praktisch an die Sache rangehen und einen Weg finden, die Zeit zu bemessen, ohne dabei alle fünf Minuten auf die Uhr zu schielen und zu denken: „Mein Gott, das muss doch nun vorüber sein."

Es gibt dafür viele Möglichkeiten. Einige nehmen zum Beispiel eine Kassette auf, auf der eine halbe Stunde Stille herrscht und dann am Ende ruhige Musik erklingt. Dann drükken Sie zum Beginn der Meditation einfach auf den Schalter und wenn die Musik einsetzt wissen Sie, dass die halbe Stunde rum ist. Manche nehmen auch eine Eieruhr zu Hilfe.

Anfangs ist die Versuchung groß, wenn alles gut läuft und wir auf Wolke sieben schweben, die Dauer der Meditation auszuweiten. Oder wenn es nicht gut läuft zu sagen: „Nun, das ist eine totale Zeitverschwendung, das kann ich auch sein lassen und lieber den Rasen mähen." Entscheidend ist, dabei zu bleiben, egal ob es gut oder schlecht läuft. Es gibt nur eine Möglichkeit und die heißt, das Mantra vom Anfang bis zum Ende aufzusagen.

Die beste Zeit ist vermutlich früh am Morgen, noch vor dem Frühstück, wenn Sie sich ganz frisch fühlen. Vielleicht ist auch eine kalte Dusche vorher nicht schlecht. Am Abend ist es die beste Zeit vor dem Abendessen. Das ist allerdings nicht immer für jeden machbar, wenn man zum Beispiel nach Hause kommt und das Essen schon fertig ist. Es hängt also sehr von

Ihren Lebensumständen ab. Am Wichtigsten ist aber, dass Sie jeden Morgen und jeden Abend meditieren. Wenn es Ihnen möglich ist, dann sollten Sie eine regelmäßige Routine festlegen. Diese lässt sich nicht in jedermanns Leben einfügen, aber generell gilt: Wenn möglich meditieren Sie morgens als Erstes, und man sollte immer vor einem Essen meditieren, anstatt danach. Die beste Zeit, um zu meditieren, sind der frühe Morgen und der frühe Abend. Jeder Mensch hat eine Menge Verpflichtungen, die über den Tag verteilt sind, also können Sie nur Ihr Bestes versuchen. Manchmal können Sie vielleicht nur am frühen Nachmittag meditieren, manchmal vielleicht spät am Abend. Aber wenn Sie die gleiche Zeit und möglichst noch den gleichen Ort dafür wählen können, dann wäre das optimal. Aber wir alle können nur versuchen, das Meditieren unter den gegebenen Umständen so gut wie möglich in unseren Alltag einzufügen.

Idealerweise sollte man an einem sehr ruhigen Ort meditieren, damit man sich so gut es geht sammeln kann. Aber wenn Ihr Nachbar mit der Bohrmaschine hantiert und alle Sammlung dahin ist, dann ist es besser, weiter zu meditieren, als zu sagen: „Nun, die Umstände sind nicht ideal, da höre ich besser auf." Als ich beispielsweise letzte Woche mit dem Flugzeug aus Irland nach Hause flog, entschied ich, dass es an der Zeit wäre, zu meditieren. Die Stewardess entschied jedoch, dass es wohl an der Zeit wäre, sich mit dem Passagier, der so einsam oder so still aussah, zu unterhalten. Sie kam zu mir, setzte sich neben mich und wir unterhielten uns ein wenig. Ich flog mit Aer Lingus, der nationalen irischen Fluglinie. Die Stewardess war überaus schwatzhaft, und es dauerte eine Weile, bevor ich mit meiner Meditation weitermachen konnte. Man muss das Beste aus der Situation machen.

Der wirklich kritische Punkt ist der, diese zwei Meditationen beizubehalten. Ein befreundeter Priester begann vor sechs Jahren mit der Meditation. Als er anfing, hörte er sich an, was ich zu sagen hatte, und dachte sich: „Nun, dieser Typ ist ein

Mönch, und er hat nichts anderes zu tun, als rumzusitzen. Für ihn ist es leicht, zweimal am Tag zu meditieren, aber ich bin ein viel beschäftigter Gemeindepriester. Also gilt für mich: einmal am Tag.“ Er meditierte also ein Jahr lang einmal am Tag. Dann kam er zu mir, um sich zu beschweren und sagte: „Wissen Sie, das funktioniert nicht.“ Und ich sagte: „Das ist aber ungewöhnlich. Sie meditieren jeden Morgen und jeden Abend, nicht wahr?“ „Nein, nein, nur morgens“, antwortete er mir. Also empfahl ich ihm: „Gut, meditieren Sie auch am Abend, und dann höre ich mir Ihre Beschwerde noch mal an.“ Und so machte er es. Er sagt anschließend, er könne mir nicht den qualitativen Unterschied beschreiben, den er empfand, als er damit anfing, seinen Tag meditierend zu beginnen und dadurch auf ihn vorbereitet zu sein, durch diesen Frieden und die innere Verwurzelung in seinem wirklichen Sein. Und dann schließlich den ganzen Tag am Ende zusammenzubringen, alle Stränge einzusammeln und in dieselbe essenzielle Wirklichkeit zu bringen. Er sagte, der qualitative Unterschied hätte ihn sehr erstaunt. „Wissen Sie, von nun an meditiere ich täglich zweimal am Tag, für den Rest meines Lebens – wenn es irgendwie geht.“ Ich empfehle Ihnen immer, nicht aufzugeben, auch wenn Sie müde sind, sollten Sie alles daransetzen, auch am Abend zu meditieren.

Mit der morgendlichen Meditation beeinflussen Sie die Stimmung Ihres Tages, machen Sie sich auf die tägliche Pilgerreise, wissend, wer Sie sind, vorbereitet durch Ihre Meditation. Die abendliche Meditation bringt dann alle unterschiedlichen Stränge der täglichen Aktivitäten zusammen und vereint sie mithilfe der eigenen Konzentration. Sie müssen also erkennen, dass die tägliche Disziplin von immenser Bedeutung ist.

2.4 Ablenkungen

Wenn wir anfangen, zu meditieren, dann erkennen wir, dass wir voller Ablenkungen sind. Wir setzen uns hin, wir sitzen aufrecht, wir atmen ruhig, wir schließen unsere Augen und beginnen unser Mantra zu sagen, unser Wort. Und dann reagieren unsere Gedanken. Die Gedanken sind oft ziemlich heimtückisch, wie etwa: „Ich frage mich, ob ich mein Mantra besser aufsagen könnte, wenn ich nicht im halben Lotussitz sitzen würde, sondern im ganzen Lotussitz. Hm, wie kann ich lernen, im ganzen Lotussitz zu sitzen?“ 10 Minuten später überlegen Sie eventuell, was Sie zu Abend essen, und vielleicht 20 Minuten später kehren Sie wieder zu Ihrem Mantra zurück.

Was sollen Sie tun, wenn Sie beginnen zu meditieren und sich solch ablenkende Gedanken einschleichen? Die Tradition gibt uns den Rat, die Ablenkungen zu ignorieren und das Wort aufzusagen, und beständig daran festzuhalten, das Wort zu sagen. Verschwenden Sie keine Energie darauf, die Stirn in Falten zu legen und zu sich selbst zu sagen: „Ich werde nicht daran denken, was ich heute zu Abend essen werde, oder wen ich heute treffen werde, oder wo ich morgen sein werde.“ Versuchen Sie keine Energie darauf zu verwenden, die Ablenkungen zu vertreiben. Ignorieren Sie diese einfach, und Sie ignorieren sie, indem Sie Ihr Wort sagen. Mit anderen Worten: Wenn Sie meditieren, dann muss Ihre Energie in eine einzige Richtung gelenkt werden, und der Weg in diese Richtung ist Ihr Wort.

Sie müssen lernen, dass es wichtig ist, das Mantra vom Anfang bis zum Ende aufzusagen. Wenn Sie merken, dass Sie davon abgewichen sind, dann kehren Sie zum Mantra zurück. Wenn Sie weitermachen, dann werden Sie merken, dass Sie auf einem Level Ihr Mantra aufsagen können, aber es gibt einen weiteren Level mit ablenkenden Gedanken, der sich darunter abspielt, und ein anderer ist eventuell darüber gelagert, und vielleicht noch einer auf jeder Seite. Ignorieren Sie sie alle. Sagen Sie Ihr Mantra.

Wenn wir mit dem Meditieren beginnen, dann ist es, als wären wir in einem Sturm gefangen, einem Sturm der Ablenkungen. Überall gibt es Blitze, der Wind heult überall um uns herum. Das Mantra ist wie ein Leuchtfeuer, das uns hindurchführt, und wir müssen uns darauf konzentrieren. Wenn wir uns nicht darauf konzentrieren, dann sind wir verloren.

Es gibt verschiedene Stufen der Ablenkung. Da gibt es die Ablenkung, die aus der Unmittelbarkeit unseres Lebens kommt: die letzten Fernsehprogramme, die wir gesehen haben, Werbungen, Zeitungen, Gespräche, die wir gerade geführt haben. Wir müssen das alles gehen lassen, während wir unserem Mantra zuhören. Dann gibt es die persönlichen Ablenkungen: die Probleme in unserer Familie, unsere Karriere, unsere Freunde, die Einsamkeit, die wir vielleicht empfinden. Auch all das müssen wir gehen lassen, wenn wir in die Gegenwart gelangen, die Gegenwart des Einen, der ist, der Liebe ist. Dann gibt es die spirituellen Ablenkungen: das Nachdenken über unseren spirituellen Fortschritt, das Vergleichen unserer Erfahrungen mit denen anderer, das Analysieren des Status, in dem wir uns zurzeit befinden, oder was auch immer. All diese Ablenkungen müssen wir gehen lassen. Wir lassen sie gehen, indem wir auf unser Mantra vertrauen. Wenn Sie merken, dass Sie über das Fernsehprogramm, ein Problem in der Familie oder Ihren spirituellen Fortschritt nachdenken, dann lassen Sie die Gedanken sofort fallen und kehren Sie zum Mantra zurück. Ma-ra-na-tha.

Es gibt eine Sache, der wir alle entdecken, wenn wir den Pfad der Meditation mit Einfachheit und Bescheidenheit betreten: Es gibt einige Dinge in unserem Leben, die sich ändern müssen. Ich denke zum Beispiel, dass es sehr schwierig sein wird, zu meditieren, wenn man täglich drei oder vier Stunden fernsieht. Ein großer Feind allen Gebets und aller Versammlung ist die Überfülle an Bildern im Kopf. Sie werden alle erkennen, und ich bin sicher, Sie haben es schon aus eigener Erfahrung erlebt, dass es dumm ist, dieser Fülle an Bildern wahllos etwas hinzuzufügen.

Die größte Ablenkung ist die des Selbst-Bewusstseins. Sie resultiert daher, dass wir alle dazu neigen, uns selbst zu sehen. Aber in der Meditation schauen wir über uns hinaus zu Gott. Das Mantra erweitert unseren Blick über uns hinaus. Die erstgenannten Ablenkungen kamen alle von außen. Das Selbst-Bewusstsein kommt von innen. Die Kraft der Meditation liegt darin, dass sie alle Ablenkungen bei der Wurzel packt, und die Wurzel ist das Selbst-Bewusstsein. Beim Meditieren lernen wir, nicht länger über uns selbst nachzudenken. Wir begeben uns auf eine Reise, bei der wir nach vorn blicken und die Reise fortsetzen. Dass wir unser Mantra aufsagen und immer wieder zu ihm zurückkehren, ist unsere Garantie dafür, die Reise fortzusetzen.

Ärgern Sie sich nicht über Ihre Ablenkungen. Bewerten Sie nicht Ihren Erfolg. Sagen Sie Ihr Mantra und seien Sie damit zufrieden. Und bleiben Sie dabei, es zu sagen. Verschwenden Sie keine Energie darauf, zu versuchen, die Ablenkungen zu vertreiben. Setzen Sie Ihre ganze Energie darauf, das Mantra zu sagen – voller Milde, aber auch voller Zuversicht.

2.5 Vorbereitungen zur Meditation

Der Zweck der Meditation ist der, dass wir lernen, unser Leben so gut wie eben möglich in der Gegenwart Gottes zu leben. Zu lernen, in seiner Gegenwart zu leben, heißt auch, von seiner Energie belebt zu werden. Wie wir aus dem Evangelium wissen, ist seine Energie Liebe. Lernen zu meditieren ist lernen, ständig in seiner Präsenz und ständig aus seiner Präsenz heraus zu leben.

Um irgendetwas zu lernen, müssen wir lernen, zuzuhören. Wir müssen die Bescheidenheit erlernen, zuzuhören. Und dann mit den einfachen Aufgaben beginnen, die das Lernen von uns verlangt. Wenn Sie lernen wollen, ein Musikinstrument zu spielen, dann müssen Sie die Tonleitern lernen. Wenn Sie eine Sprache lernen wollen, dann müssen Sie die grundlegende Grammatik lernen. Sie müssen dies ordentlich machen, denn ohne die Grundlagen ist kein Fortschritt möglich.

Wenn man lernt, zu meditieren, dann ist das Erste, was man vielleicht lernen muss, gut zu sitzen, in einer guten Haltung dazusitzen. Die wichtigste Haltungsregel ist, dass das Rückgrat gerade sein muss. Die wichtigste Regel des Sitzens ist, dass man ruhig sitzt. Also müssen wir zunächst die körperliche Ruhe der Meditation lernen. Wir sitzen ruhig, nicht so, als wollten wir den Körper loswerden, sondern so, dass Körper und Geist harmonisch miteinander verbunden werden und in die Meditation mit eingebunden werden können. Die Meditation ist die völlige Einheit von Körper und Geist, ruhig und Gott dargebracht.

Dann müssen wir uns selbst auf die Meditation vorbereiten. Die erste Vorbereitung ist die Güte, die jeder von uns im täglichen Leben praktizieren muss. Es ist von größter Wichtigkeit, dass wir lernen, uns durch einfache Freundlichkeit, Vergebung und Güte vorzubereiten.

Dann folgen die Stille des Ortes, den wir zur Meditation auswählen, und die Stille des Körpers, während wir uns auf unsere innere Stille des Geistes vorbereiten, die uns zur totalen Aufmerksamkeit des Körpers und des Geistes führt.

Ich denke, es ist gut, wenn man gereinigt mit der Meditation beginnt, und man mindestens Gesicht und Hände wäscht, sodass man den Staub des Tages oder die Müdigkeit der Nacht wegwischen kann. Diese Waschung bereitet den Körper darauf vor, der Reinheit der Meditation wachsam zu begegnen.

Dann bereiten wir unseren Geist vor, indem wir regelmäßig, ruhig und tief atmen. Das ist der Boden, auf dem wir mit unserer ernsthaften Arbeit beginnen. Erinnern Sie sich daran, dass Meditation bedeutet, in die Gegenwart des Einen, der ist, einzutreten. In seiner Gegenwart, in der Gegenwart des Einen, der ist, lernt ein jeder von uns, zu *sein* – die Person zu sein, die wir berufen sind, zu sein. Um zu meditieren, müssen wir über alle Bilder hinausgehen, alles überschreiten, auch das Bild, das wir von uns selbst haben. Wenn wir also beginnen, zu meditieren, dann reißen wir unsere Masken herunter. Wir legen sie auf den Boden neben uns und wir werden zu der wirklichen Person, die wir sind, in absoluter Einfachheit. Dann sagen wir unser Mantra auf: ma-ra-na-tha. Denken Sie daran, dass wir das Mantra nicht aufsagen, um jemanden zu beeindrucken oder um irgendein neues Bild von uns zu schaffen, ein spirituelles Bild. Wir sagen unser Mantra, um alle Bilder, alle Worte zurückzulassen, damit wir in äußerster Einfachheit sein können.

3 Die Theologie

Die Theologie besagt, dass ***das*** *Gebet das Gebet Jesu ist … Wir müssen zurücktreten, um seinem Gebet in uns die ganze Kraft zu überlassen.*

John Main

3.1 Die Theologie des Gebets

Heute Abend möchte ich Ihnen die wahre Theologie des Gebetes darlegen.

Wir wissen, dass die Fülle Gottes in unseren eigenen Herzen zu finden ist. Wir wissen, dass das uneingeschränkte Leben der Dreifaltigkeit in unseren Herzen gelebt wird. Das heißt, dass Jesus Christus in unseren Herzen wohnt. Sein menschliches Bewusstsein ist in jedem von uns zu finden. Die Reise des Gebets ist die, einfach den Weg zu finden, unser menschliches Bewusstsein seinem menschlichen Bewusstsein zu öffnen.

Der Grund, warum wir in der christlichen Tradition meditieren, ist der, dass wir daran glauben, dass Jesus seinen Geist ausgesandt hat, in unseren Herzen zu wohnen. Mit anderen Worten: Der Geist Gottes, der Geist des Schöpfers des Universums, wohnt in unseren Herzen, und in der Stille ist Liebe für alle. In der christlichen Tradition ist die Meditation einfach ein Offensein für diesen Geist der Liebe, den Geist Gottes.

Hören wir, was Paulus an die Kolosser schrieb:

> *Ihr habt Christus Jesus als Herrn angenommen. Darum lebt auch in ihm! Bleibt in ihm verwurzelt und auf ihn gegründet … Denn in ihm allein wohnt wirklich die ganze Fülle Gottes.* Kolosser 2,6-7,9

Dies ist die wesentliche Botschaft, um die es im Christentum geht: Unsere Aufgabe und unser Potenzial ist es, in das Leben Gottes einzutreten durch Jesus, durch seinen Geist, der in unseren Herzen ist.

Und das geschieht nicht dadurch, dass wir Gott analysieren oder Jesus analysieren, nicht dadurch, über Gott nachzudenken oder über Jesus nachzudenken, sondern dadurch, still und ruhig zu sein und in seiner Gegenwart unsere Herzen seiner Liebe öffnen – und zwar im stetigen Rhythmus unserer täglichen Meditation.

Das ist das Wunder des Glaubenssatzes der Inkarnation, weil Jesus, der Mensch ist und ein menschliches Bewusstsein hat, unser Weg zum Vater ist, und weil es uns möglich ist, unser menschliches Bewusstsein ihm zu öffnen. Das ist das Wunder, die Perfektion der christlichen Offenbarung: Er ist *der* Weg, und er ist der *einzige* Weg. Er ist der universale Heiland und der universale Lossprecher. All dies ist er für uns, weil sein menschliches Bewusstsein völlig offen ist für den Vater der Liebe. Wenn wir unser menschliches Bewusstsein in der Stille des Gebets, in der Konzentration unserer Meditation, ihm öffnen, dann gehen wir über ihn hinaus zum Vater. Wir gehen mit seiner Macht der sich selbst überschreitenden Liebe über ihn hinaus.

3.2 Nur ein Gebet

Lauschen Sie den Worten Jesu:

> *Alle sollen eins sein: Wie du, Vater, in mir bist und ich in dir bin, sollen auch sie in uns sein, damit die Welt glaubt, dass du mich gesandt hast. Und ich haben ihnen die Herrlichkeit gegeben, die du mir gegeben hast; denn sie sollen eins sein, wie wir eins sind, ich in ihnen und du in mir. So sollen sie vollendet sein in der Einheit, damit die Welt erkennt, dass du mich gesandt hast und die Meinen ebenso geliebt hast wie mich. Vater, ich will, dass alle, die du mir gegeben hast, dort bei mir sind, wo ich bin. Sie sollen meine Herrlichkeit sehen, die du mir gegeben hast, weil du mich schon geliebt hast vor der Erschaffung der Welt. Gerechter Vater, die Welt hat dich nicht erkannt, ich aber habe dich erkannt, und sie haben erkannt, dass du mich gesandt hast. Ich habe ihnen deinen Namen bekannt gemacht und werde ihn bekannt machen, damit die Liebe, mit der du mich geliebt hast, in ihnen ist und damit ich in ihnen bin.* Johannes 17,21-26

Soweit es unsere Tradition angeht, gibt es nur ein Gebet, und das ist das Gebet Jesu. Er ist der universale Mittler. Es gibt keinen Weg zum Vater außer durch Jesus.

Evagrius, der Lehrer von Johannes Cassianus, gibt uns eine klassische Definition des Gebets: „Das Gebet ist das Erheben des Verstandes und des Herzens zu Gott." Die einzige Art und Weise, wie wir unseren Verstand und unser Herz erheben können, ist durch Jesus. Also ist sein Gebet das einzige, und das einzige Gebet für uns besteht darin, unsere Herzen so weit wie möglich seinem Gebet zu öffnen. Dieser Prozess wird in der kirchlichen Tradition das Gebet des Glaubens genannt, kontemplatives Gebet, reines Gebet – es gibt verschiedene Namen dafür.

Wir nennen es Meditation: Ruhig zu sein im Zentrum unseres Seins, sodass wir mit Christus zum Zentrum der Dreifaltigkeit reisen können.

Es gibt andere Formen des Gebets. Wir Mönche beispielsweise verbringen jeden Tag ein wenig Zeit mit dem liturgischen Gebet. Alle Formen des Gebets führen uns in diese reine Erfahrung Gottes. Also ist die Meditation in keinster Weise ausschließlich. Wir sagen zu niemandem, er solle keine Zeit damit verschwenden, den Rosenkranz zu beten oder das Brevier aufzusagen. Was wir sagen, ist Folgendes: Tritt ein in den reinen Fluss des Gebetes Jesu. Stürze dich in diesen Strom mithilfe dessen, was du finden kannst, sei es der Rosenkranz, der Kreuzweg, der Gottesdienst oder sonst etwas.

Was wir sagen, ist Folgendes: Um in diesen Fluss des reinen Gebetes einzutreten, muss man sich selbst transzendieren; man muss sich selbst zurücklassen. Lernen Sie, Ihr Mantra aufzusagen, und lernen Sie, sich dahingehend zu disziplinieren, das Gebet jeden Tag zu sagen. Das ist der Weg, den uns die Tradition und die Erfahrung lehren, damit wir mit Jesus reisen können, durch Jesus zum Vater.

Die Theologie besagt, dass *das* Gebet das Gebet Jesu ist. Wir müssen einen Schritt zurücktreten und seinem Gebet in uns völlige Macht erlauben. Sobald Sie erkennen, dass der Weg das Gebet Jesu ist, dass dies *der* Weg ist, dann besteht die einzige Herausforderung nur noch darin, sich selbst zurückzunehmen, damit sein Gebet überragend werden kann.

Sie werden in dieses Gebet hineingestoßen. Es ist sehr schwer, dies ohne Bilder zu beschreiben, aber das Gebet Jesu ist wie ein dahinströmender reißender Fluss zwischen Jesus und dem Vater. Wir müssen hineinspringen und uns von ihm mitreißen lassen. Es ist ein Sturzbach der Liebe, nicht ein Sturzbach der Worte. Das ist der Grund, warum wir lernen müssen, völlig still zu sein. Das Mantra bringt uns einfach tiefer und tiefer in diese Stille hinein.

3.3 Über alle Gotteskonzepte hinaus

Diejenigen, die die Bedeutung der Meditation häufiger als andere missverstehen sind möglicherweise religiöse und praktizierende Christen. Wenn ich zu solchen Menschen gesprochen habe, dann kam für sie das Rezitieren eines Mantras einem Skandal gleich. Sie sagten: „Das wäre ja so, als würde man Gott in eine Zwangsjacke stecken. Das würde ja sicher meine ganze Spontaneität lahm legen." Der Hauptgrund für solche Missverständnisse ist der, dass so viele Menschen das oberste Prinzip des christlichen Gebets falsch verstehen. Das Wichtigste, woran wir denken müssen, ist doch, dass es nur das Gebet Jesu gibt. Das ist *das* Gebet. Das Gebet Jesu ist der Sturzbach der Liebe und der Macht, der zwischen Jesus und dem Vater strömt – das ist der Geist.

Das ist das Erste, das wir über das christliche Gebet versuchen müssen, zu verstehen, und natürlich können wir das nicht verstehen. Das ist das Besondere am Christentum – auch wenn wir es niemals verstehen können, können wir doch diesen Sturzbach der Liebe, der zwischen Jesus und dem Vater fließt, erfahren. Wir können ihn durch das menschliche Bewusstsein Jesu erfahren. Das ist sein großartiges Geschenk an uns. Das ist in der Tat unsere Erlösung. Dies ist unser Heil. Denn durch sein menschliches Bewusstsein werden wir von unserem eigenen Egoismus und unserer Isolation befreit – befreit und in das Mysterium Gottes geführt, während wir auf diesem Strom der Liebe reisen.

Das Bedeutende an der christlichen Offenbarung, in das wir eintreten müssen und dem wir unser Herz öffnen müssen, ist, dass uns Jesus nicht darum bittet, in ihm zu verweilen, sondern über ihn hinaus zum Vater zu gehen. Das ist die Essenz des christlichen Mysteriums: sich selbst in Jesus zu transzendieren und – in Jesus – Jesus in den Vater zu transzendieren.

Die Theologie des Gebetes ist die Theologie der Dreifaltigkeit. Wenn wir beginnen, dies in einer auf Erfahrung beruhenden Dimension zu betrachten, dann wird uns schwindlig. Der Geist kann das Mysterium nicht fassen, es nicht in seinem Sein zusammenhalten. Darum müssen wir alle Gotteskonzepte überwinden. Mit anderen Worten: Wir müssen die Sprache, die Einsichten, alles, was Gott irgendwie begrenzt, transzendieren. Wir müssen Gott mit Gottes eigenem Selbst-Verständnis begreifen, unser eigenes Verständnis ist dafür völlig ungeeignet. Die Perfektion des menschlichen Geistes ist nichts im Vergleich zum gänzlich unaussprechlichen Mysterium. Darum müssen wir den Pfad der Einfachheit betreten. Es ist die Einfachheit Gottes, die Einfachheit seines Eins-Seins, die für uns das größte Hindernis darstellt. Das Mantra hilft uns über dieses Hindernis hinweg. Das Mantra ist, wenn Sie so mögen, wie ein Zeichen oder ein Symbol dieses Eins-Seins, der Einfachheit Gottes.

Eine Frage, die immer wieder aufkommt, ist: „Was machen wir genau, wenn wir meditieren? Welchen Platz hat es in unserem christlichen Leben im Allgemeinen?" Wenn Menschen damit beginnen, zu meditieren, und man ihnen sagt: „Sie müssen Ihr Wort von Anfang bis Ende aufsagen, und Sie dürfen nicht zu Gott sprechen oder über Gott nachdenken, sondern nur Ihr Wort sagen", dann antworten sie: „Aber ist das beten? Ist das überhaupt ein christliches Gebet? Oder ist es nur eine Form der Selbstentspannung oder Selbsthypnose?"

Im Neuen Testament findet sich ein immer wiederkehrendes Thema, nämlich, dass *das* Gebet das Gebet Jesu ist. Und es ist *sein* Gebet, von dem wir ein Teil werden müssen, in das wir eintreten müssen. Das Mantra zu sprechen, einfach das Wort zu sagen, ist ein Schutzschild für Ihr Herz, sodass keine fremden Trivialitäten hineingelangen können, noch nicht einmal Trivialitäten Ihrer eigenen frommen, heiligen Worte und Gedanken. Nichts darf den Strom des Gebetes ablenken, das die Liebe Jesu zu seinem Vater ist. Wir müssen ganz offen dafür sein. Das Mantra ist wie ein Wachhund, der unser Herz bewacht. Das ist der Grund, warum Sie lernen müssen, es vom

Anfang bis zum Ende Ihrer Meditation aufzusagen.

Ich rate Ihnen, die Zeit der Meditation nicht als Zeit zu sehen, die Ihnen irgendwie zur Verfügung steht. Betrachten Sie Ihre Meditation, Ihr Gebet, nicht als *Ihr* Gebet, sondern als das Gebet Jesu. Solange wir ganz selbstbezogen an *meine* Meditation oder *mein* Gebet denken, haben wir die Pilgerreise noch nicht wirklich begonnen. Die Zeit und das Gebet gehören ihm. Das Wunder ist, dass sein Gebet unser Gebet ist, und es ist die Einfachheit, die uns das völlige und unerschütterliche Vertrauen in den Vater bringt, das im Evangelium als Hoffnung bezeichnet wird. Wir gehen an die Meditation ohne zu Zögern heran, sondern im kindlichen Verständnis, uns Gott zur Verfügung zu stellen.

Die Voraussetzung ist eine völlige Selbstlosigkeit, ein absolutes Aufgeben all unserer Gedanken, Vorstellungen, Einsichten – und vor allem unserer eigenen Gebete, um unser Herz dem Gebet Jesu zu öffnen.

Das Gebet ist das Leben des Geistes Jesu innerhalb unseres menschlichen Herzens. Wir beten, wenn wir uns der Gegenwart dieses Geistes in unseren Herzen bewusst werden.

3.4 Uns in Christus verlieren

Aus dem Evangelium nach Matthäus:

> *Und wer nicht sein Kreuz auf sich nimmt und mir nachfolgt, ist meiner nicht würdig. Wer das Leben gewinnen will, wird es verlieren; wer aber das Leben um meinetwillen verliert, wird es gewinnen.* Matthäus 10,38-39

Und etwas später heißt es dort:

> *Darauf sagte Jesus zu seinen Jüngern: Wer mein Jünger sein will, der verleugne sich selbst, nehme sein Kreuz auf sich und folge mir nach. Denn wer sein Leben retten will, wird es verlieren; wer aber sein Leben um meinetwillen verliert, wird es gewinnen. Was nützt es einem Menschen, wenn er die ganze Welt gewinnt, dabei aber sein Leben einbüßt? Um welchen Preis kann ein Mensch sein Leben zurückkaufen?* Matthäus 16,24-26

Ich denke, dass alle von uns das Evangelium gelesen haben, und alle von uns, die versucht haben, ihr Herz dem Ruf Jesu zu öffnen, können die Wahrheit in diesen Worten erkennen. Das Paradoxe, das uns Jesus präsentiert, ist die Tatsache, dass wir unser Leben verlieren müssen, um es zu finden. Dieses Paradoxon, wir wissen es in unserem tiefsten Inneren, ist wahr.

Wir alle stellen uns der Herausforderung: Wie können wir das Leben verlieren, unser Leben ablegen, um Jesus zu folgen? Nicht nur an der Grenze unseres Lebens, sondern im Zentrum, nicht nur am Rande, sondern in der Tiefe unseres eigenen Seins.

Von Anbeginn der Zeit, als die Menschen Jesus zuhörten und versuchten, ihm zu antworten, kannten seine Jünger den Weg des Gebetes. Er selbst war das große Vorbild. Wie wir aus den Evangelien wissen, zog er sich oft von seinen Jüngern zurück, um mit seinem Vater allein zu sein. Genau dazu sind wir aufgefordert: Die Oberfläche zu verlassen, die Peripherie zu verlassen und im Zentrum mit Jesus eins zu sein, mit ihm im Vater zu sein.

Alle von uns, die heute Abend hier sind, kommen von verschiedenen Ausgangspunkten und kommen mit ihrer eigenen Geschichte, aber wir alle haben ein Ziel: Jesus zu finden und uns selbst in ihm zu finden. Der Weg des Gebets, dem wir Mönche folgen, ist der Weg der Meditation. Jedes Mal, wenn wir uns hinsetzen, um zu beten, versuchen wir, uns selbst in Christus zu verlieren und unser wahres Selbst in ihm zu finden.

Gebet ist Gemeinschaft, ist Eins-Sein. Der Weg des Gebetes ist der, völlig von Jesus aufgenommen zu werden und mit ihm zusammen zum Vater zurückzukehren. Es ist ein Weg der Einfachheit. Sie müssen lernen, Ihr Wort beständig aufzusagen. Es ist ein Weg der Disziplin. Sie müssen lernen, Ihre eigenen Gedanken, Ihre Einsichten, zurückzulassen. Während der Meditation mögen Ihnen häufig Gedanken, Einsichten kommen, die sehr tiefgründig erscheinen, sehr religiös, sehr wichtig. Aber die Meditation ist der Weg der Armut. Während des Meditierens übergeben Sie diese Gedanken und Einsichten in die Hand Gottes. Sie lernen, wie ein Kind zu sein, so einfach zu sein, wie ein Kind, Ihr Wort aufzusagen und beständig zu bleiben.

Lassen Sie uns mit einem Gebet zum Ende kommen:

Himmlischer Vater, wir wissen, dass wir unser Leben verlieren müssen, um es finden zu können. Wir wissen, dass wir ganz in das Mysterium deines Göttlichen Lebens eintreten müssen. Stärke uns, gib uns Mut. Verwurzele dein Mantra in unseren Köpfen, in unseren Herzen, im Kern unseres Seins, sodass wir wahrlich einfach im Geiste werden, dass wir erwachsen zur völligen Offenheit gegenüber deinem Geschenk des Lebens und der Fülle.

3.5 Gottes geheimnisvolle Gegenwart in uns

Die zentrale Wirklichkeit des christlichen Glaubens ist die Aussendung des Geistes durch Jesus. Unser Glaube ist ein lebendiger Glaube, denn der lebende Geist Gottes lebt in uns, er gibt unseren sterblichen Körpern neues Leben.

Hören Sie Kapitel 5 des Briefes von Paulus an die Römer. Er spricht darüber, was Gott in der Person seines Sohnes Jesus geschaffen hat:

> *Gerecht gemacht aus Glauben, haben wir Frieden mit Gott durch Jesus Christus, unseren Herrn. Durch ihn haben wir auch den Zugang zu der Gnade erhalten, in der wir stehen, und rühmen uns unserer Hoffnung auf die Herrlichkeit Gottes … denn die Liebe Gottes ist ausgegossen in unsere Herzen durch den Heiligen Geist, der uns gegeben ist.* Römer 5,1-2,5

Denken Sie einen Augenblick über diese Zeilen nach, und betrachten Sie die recht umwerfende Behauptung, die dort aufgestellt wird: „Durch ihn haben wir auch den Zugang zu der Gnade erhalten, in der wir stehen." „Die Liebe Gottes ist ausgegossen in unsere Herzen durch den Heiligen Geist, der uns gegeben ist."

Alle christlichen Gebete beruhen im Grunde auf der Erfahrung, vom Geist erfüllt zu sein. Paulus formuliert das so:

> *Denn wir wissen nicht, worum wir in rechter Weise beten sollen; der Geist selber tritt jedoch für uns ein mit Seufzen, das wir nicht in Worte fassen können. Und Gott, der die Herzen erforscht, weiß, was die Absicht des Geistes ist …* Römer 8,26-27

In der Meditation besteht unser Weg hin zu dieser wachsenden Bewusstwerdung, dass der Geist in uns betet, einfach aus unserer tiefen Treue, das Mantra aufzusagen. Es ist die vertrauensvolle Wiederholung unseres Wortes, das unser ganzes Sein umfasst, denn es bringt uns zu der Ruhe, zu der Konzentration, zu dem notwenigen Grad des Bewusstseins, welcher uns befähigt, unseren Geist und unser Herz für die Arbeit der Liebe Gottes in den Tiefen unseres Seins zu öffnen.

In der Meditation bemühen wir uns nicht darum, über Gott nachzudenken. Auch nicht über seinen Sohn, Jesus. Wir denken nicht über den Heiligen Geist nach. In der Meditation versuchen wir etwas unermesslich Größeres. Indem wir das zur Seite stellen, was vergeht, trachten wir nicht nur danach, an Gott zu denken, sondern *mit* Gott zu sein, ihn als den Boden unseres Seins zu erfahren. Es ist ein Sache zu wissen, dass Jesus die Offenbarung des Vaters ist, dass Jesus unser Weg zum Vater ist, aber es ist etwas ganz anderes, die Gegenwart Jesu in uns zu erfahren, die wirkliche Macht seines Geistes in uns zu erleben, und in dieser Erfahrung in die Gegenwart seines Vaters und unseres Vaters geführt zu werden.

Nun, das ist das Ziel der christlichen Meditation: Es Gottes geheimnisvoller und stiller Gegenwart in uns zu ermöglichen, mehr und mehr zu werden – nicht nur eine Wirklichkeit, sondern die Wirklichkeit in unserem Leben; die Wirklichkeit, die allem, was wir tun, allem, was wir sind, Bedeutung, Form und Zweck gibt.

Lassen Sie uns mit einem Gebet enden:

> *Himmlischer Vater, öffne mein Herz der stillen Gegenwart des Geistes deines Sohnes. Führe mich in diese geheimnisvolle Stille, in der deine Liebe allen, die danach rufen, offenbart wird. Maranatha. Ma-ra-na-tha. Komm, Herr Jesus.*

3.6 Die Geburt Christi in unseren Herzen

Da wir uns alle auf Weihnachten vorbereiten, habe ich mir gedacht, dass ich heute Abend versuche, mit Ihnen über die spirituelle Bedeutung der Inkarnation nachzudenken.

Gott wurde Mensch, damit der Mensch Gott werden kann. Das ist die Überzeugung der östlichen Kirchen. In den Schriften der griechischen Väter kommt dieses Thema immer wieder auf: Gott wurde Mensch, damit der Mensch Gott werden kann. In der Inkarnation hat Gott unser Leben in Jesus berührt. Die große Bedeutung des Weihnachtsfestes liegt darin, dass es das Feiern unserer Menschlichkeit ist, der erlösten Menschlichkeit.

Bei der Menschwerdung, der Geburt Jesu, geht es um die Offenbarung Gottes. Es ist die Offenbarung seiner Macht, seiner Weisheit, seiner Liebe durch den Menschen Jesus. Die Inkarnation ist wie ein Strom, der aus Gott heraus auf die Erde fließt. Wie Sie wissen, wird im Leben Jesu nichts geheim gehalten. Die Großzügigkeit Gottes inkarniert sich in der Großzügigkeit Jesu. In seinem Leben zeigt sich seine Bereitschaft, für die Masse da zu sein, sein Mitleid für die Kranken, für die Leidenden. Seine übergroße Selbstlosigkeit erlebt ihren Höhepunkt, wie wir wissen, in seinem Tod am Kreuz.

Die große Proklamation der frühen Kirche ist, dass er in unseren Herzen lebt. Der deutsche Mystiker Silesius reflektiert über das Fest der Geburt und sagt, dass es sein kann, dass Jesus in Bethlehem geboren wurde, dies aber für uns unwichtig ist, wenn er nicht auch in unseren Herzen geboren ist. Das ist der gesamte Zweck der christlichen Meditation. Christus wurde in Bethlehem geboren, und das ist eine wunderbare historische Tatsache. Aber es ist eine Tatsache, die sich in der Vergangenheit abgespielt hat. Nun muss er in unseren Herzen geboren werden. Unsere Herzen müssen für ihn bereitet werden. Das ist alles, was Meditation ist – eine Vorbereitung unseres Herzens für die Geburt Christi. Und weil er der unendliche Gott ist, müssen wir alles andere loslassen, sodass es in unserem Herzen genügend Raum für ihn gibt.

Das Mysterium dabei ist, dass, wenn er in unseren Herzen geboren wird, mit ihm alles geboren wird. Unsere Herzen sind angefüllt mit aller Liebe, allem Mitleid, aller Vergebung. Wir wissen, dass uns vergeben wird, wir geliebt und verstanden werden vom unendlichen Gott und seinem Sohn, unserem Bruder. Die Meditation ist unsere tägliche Erfahrung, das Selbst zurückzulassen, um für Gott offen zu sein, in seinem Sohn, durch die Kraft seines Geistes.

Die Meditation ist so wichtig, weil die Meditation an sich eine absolute Verpflichtung ist. Es ist die Verpflichtung, völlig offen zu sein für Christus, ganz und gar, indem wir die Aufmerksamkeit von uns weglenken und sie auf ihn richten. Und der Weg, mit dem wir das machen, ist ein einfacher – durch das Rezitieren unseres Mantras.

Das ist eine absolute Verpflichtung. Entweder Sie rezitieren es oder nicht. Sie können Ihren eigenen Gedanken nachgehen, Sie können eigene Pläne machen, Sie können Ihre eigenen Einsichten analysieren, während Sie meditieren. Aber wenn Sie das machen, dann werden Sie schnell erfahren, dass Sie im geschlossenen System des Selbst-Bewusstseins haften bleiben. Das Mantra zu rezitieren und es immer wieder zu rezitieren bedeutet, die eigenen Gedanken, Ängste, Trauer und Pläne loszulassen. Das Loslassen entlässt uns in die Freiheit und die Unendlichkeit Gottes. Das ist es, wozu Jesus uns auffordert – ihm zu vertrauen und ihm zu folgen, nicht nur halb, sondern ganz und gar. In seiner Liebenswürdigkeit zeigt er uns einen Weg, der uns stückchenweise voranschreiten lässt, weg vom Selbst in sein unendliches Mysterium. Dieser Weg ist der Weg des Gebetes, der Weg der Meditation.

Der Weg ist der Weg täglicher Treue. Wo immer wir uns gerade auf dem Pfad befinden, ob wir gerade erst beginnen und zweimal täglich für 20 Minuten meditieren oder ob wir schon länger diesen Pfad beschreiten und 30 Minuten lang meditieren oder sogar drei Mal am Tag – wo immer wir auch sind: Alles, was es braucht, ist, dass wir uns selbst völlig unserer Verpflichtung hingeben. Das scheint anfangs viel verlangt zu sein. Aber das Weihnachtsfest erinnert uns daran, dass Gott mit seinem Geschenk an uns nicht nur viel gibt, er gibt uns alles von sich – durch Jesus. Irgendwie müssen wir das verstehen, und wir müssen es in der Stille unseres eigenen Herzens verstehen.

Und wenn wir also meditieren, erhält ein jeder von uns das Geschenk Gottes durch Jesus. Um es zu erhalten, brauchen wir eine Großzügigkeit, die nicht geringer ist als die Gottes. Darum müssen wir unser Mantra mit der größten Aufmerksamkeit aufsagen, die uns möglich ist, mit der größten Liebe, die wir geben können.

3.7 Transformation des menschlichen Bewusstseins

Es ist ein großer Vorteil, dass wir als Mönche dem Tumult oftmals entgehen können und die Zeit haben, die menschliche Beschaffenheit zu reflektieren und zu bedenken. Es ist unsere Überzeugung, dass das Leben, die Lehre, der Tod und die Auferstehung Jesu das Entwicklungspotenzial des menschlichen Bewusstseins radikal transformiert haben. Es ist ebenfalls unsere Überzeugung, dass wir uns irgendwie mit der Tatsache des Lebens, des Sterbens und der Auferstehung Jesu arrangieren müssen, wenn wir unser Leben ganz leben wollen, denn sein Leben, seine Lehren, sein Tod und seine Auferstehung haben neue Möglichkeiten der Erfahrung in unsere Reichweite gebracht. Wir sind nicht länger von der Erfahrung Gottes abgeschnitten. Wir sind eingeladen, mitten ins Herz des göttlichen Mysteriums einzutreten, und ein jeder von uns ist dazu eingeladen.

Es ist auch unsere Überzeugung als Mönche, dass man nichts dadurch gewinnt, dass man nur darüber spricht. Über die Transformation des Bewusstseins zu sprechen, die aus dem Leben Jesu erwächst, bringt uns nirgendwo hin, es sei denn, wir machen uns tatsächlich daran, in diesen Prozess der Transformation auch hineinzugehen. Es ist die Praxis der täglichen Meditation, die von so überaus großer Wichtigkeit ist.

Jesus hat uns, so das Neue Testament, seinen Geist geschickt, damit dieser in unseren Herzen wohne. Sein Geist ist offen in der Liebe zu Gott, dem Vater. Indem wir in Liebe zum Geist Jesu offen sind, werden wir auch in die Liebe des Vaters geführt, mit ihm und durch ihn. Mit anderen Worten: Unser menschliches Bewusstsein, und damit meine ich das Bewusstsein eines jeden hier, ist aufgefordert zu einer unendlichen Ausweitung, unendlicher Entwicklung. Wir sind zu einer völligen Reife des menschlichen Seins aufgefordert, und diese völlige Reife können wir nur erlangen, indem wir offen sind für das menschliche Bewusstsein Jesu. Was Jesus getan hat, was er in seinem Leben erreicht hat, ist, das Göttliche in das Umfeld eines jeden Mannes und jeder Frau zu bringen.

Aber eine Frage bleibt: Wie öffnen wir unser menschliches Bewusstsein dem menschlichen Bewusstsein Jesu? Genau hier wenden wir uns der Meditation zu. In der Meditation versuchen wir, die Mauern, die wir um uns errichtet haben, zu überwinden; die Mauern, die uns von dem Wissen abschneiden, dass Jesus inmitten unserer Herzen anwesend ist. In der Meditation beginnen wir damit, das Ego aufzugeben, das versucht, uns selbst in den Mittelpunkt zu stellen. Wir beginnen zu verstehen, dass Gott im Zentrum steht, und so ändert sich unsere Perspektive. In der Praxis des Meditierens beginnen wir zu lernen, worum es bei der wahren Demut geht: uns selbst an angemessener Stelle zu sehen. Die Meditation lehrt uns auch, dass wir Gott, den Vater durch das menschliche Bewusstsein Jesu erreichen können. Durch das gläubige Meditieren entdecken wir, dass Jesus die Brücke ist, die uns an das andere Ufer bringt. Er ist die Fähre, die uns über den Fluss des Egoismus fährt und uns in den Fluss göttlicher Liebe entlässt. Egoismus führt zu Isolation. Die Meditation führt uns durch diese Isolation hindurch in die Liebe Gottes hinein.

Schrittweise erkennen wir, dass die Liebe die Basis aller Wirklichkeit ist, und dass wir aufgefordert sind, unser Leben völlig in dieser Liebe zu leben, indem wir uns zu Liebenswürdigkeit, Mitleid und Verständnis verpflichten. Die Meditation lehrt uns Folgendes: Wenn wir einmal in das menschliche Bewusstsein Jesu eintreten, dann sehen wir, wie er sieht; dann lieben wir, wie er liebt; dann verstehen wir, wie er versteht; und wir vergeben, so wie er vergibt. Unser ganzer Blickwinkel auf die Schöpfung ist grundlegend verändert. Erinnern Sie sich noch einmal an die höchste Bedeutung der Praxis: Es ist unerlässlich, jeden Tag zu meditieren, jeden Morgen und jeden Abend.

Sie mögen nun fragen: „Wie wird mich das zu dem Mitgefühl und der Vergebung führen, zu dieser Liebe?“ Wenn Sie anfangen, dann müssen Sie dies einfach glauben. Es gibt keine Möglichkeit, auf diese Frage zu antworten, außer durch die praktische Erfahrung. Der Grund dafür ist folgender: Was uns vom Mitgefühl abhält, was uns davon abhält, die Gegenwart Jesu in unseren Herzen als die Gegenwart des Geistes der Liebe zu erkennen, ist unser eigener Egoismus. Wir denken an uns, wir sind in uns selbst gefangen. Wenn wir das Mantra aufsagen, dann schließen wir die Tür unseres Herzens auf. Das Mantra ist wie der Schlüssel, der die Tür öffnet, damit das reine Licht der Liebe hereinströmen kann. Es ist ein sanfter Prozess. Erwarten Sie keine Wunder. Erwarten Sie gar nichts. Seien Sie beständig, bescheiden, jeden Morgen und jeden Abend, und kehren Sie immer wieder zu Ihrer Praxis zurück. In der Praxis an sich werden Sie die Liebenswürdigkeit, das Mitgefühl und die Vergebung finden, alles wird sich von selbst offenbaren.

3.8 Tod und Auferstehung

Hören Sie die Worte Jesu im Evangelium nach Johannes:

> *Wer mein Wort hört und dem glaubt, der mich gesandt hat, hat das ewige Leben; er kommt nicht ins Gericht, sondern ist aus dem Tod ins Leben hinübergegangen.* Johannes 5,24

Die Meditation richtet sich genau ins Herz, genau ins Zentrum des christlichen Mysteriums, und das christliche Mysterium kann nur durchdrungen werden, wenn wir in das Mysterium von Tod und Auferstehung eintreten. Das ist die grundlegende Botschaft Jesu: „Kein Mann kann mir folgen, wenn er nicht sein Selbst zurücklässt ... Der Mann, der sein Leben finden will, muss es verlieren.“ In seinen Naturbeispielen heißt es: Der Samen muss auf den Boden fallen und sterben, sonst bleibt er allein.

In der Meditation verfeinern wir unsere Wahrnehmung bis zu dem Punkt, der Christus ist. Christus ist unser Weg, unser Ziel, unser Begleiter. Aber er ist nur insofern unser Ziel, als dass wir, wenn wir erst einmal mit ihm eins sind, mit ihm zum Vater gehen. In der Meditation kommen wir zu diesem einzigen Punkt, der Christus ist.

Es ist unmöglich, über die Meditation zu reden, wie es unmöglich ist, in angemessener Weise über die christliche Erfahrung zu reden. Wie es ein Philosoph ausgedrückt hat: „Sobald wir damit anfangen, über die Mysterien Christi zu sprechen, hören wir, wie sich die Türen des Himmels schließen.“ Trotzdem müssen wir versuchen, darüber zu sprechen, doch wir sprechen nur, um die Menschen zur Stille zu führen. Es ist die Stille unserer Meditation, die uns zum außergewöhnlichen Mysterium führt, das inmitten des Herzens eines jeden von uns zu finden ist, wenn wir uns nur auf die Pilgerreise zu diesem einzigen Punkt begeben. Wir müssen eine Möglichkeit finden, zu erklären, was diese Reise bedeutet, warum diese Reise so wichtig ist und warum sie so viel Mut erfordert.

Die Meditation ist ein Mittel, mit dem wir unsere Aufmerksamkeit fokussieren können; wir beschränken unsere Aufmerksamkeit auf einen Punkt. Vielleicht hilft es Ihnen, zu verstehen, worum es bei der Meditation geht, wenn Sie es sich als ein doppeltes Dreieck vorstellen:

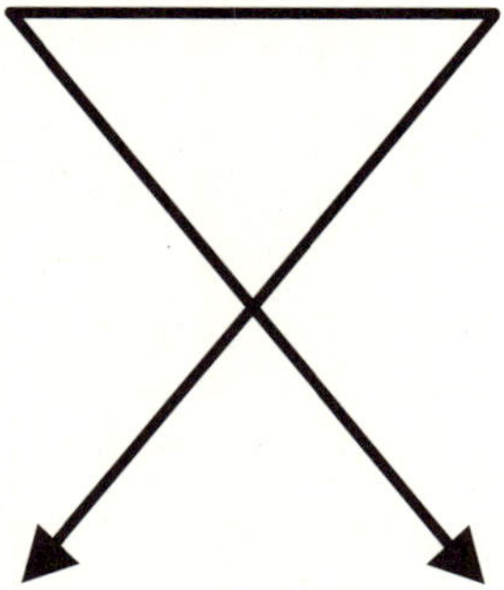

Das obere Dreieck zeigt nach unten, und das untere Dreieck ist nach unten offen. Das obere Dreieck steht für das Lernen, sich zu konzentrieren, lernen, die Aufmerksamkeit ganz auf Christus zu lenken. In diesem Sinne beschränken wir also unsere Aufmerksamkeit auf diesen einen Punkt. Aber sobald wir das tun, öffnet sich der Weg zur unendlichen Ausweitung auf der anderen Seite. Ein einzelner Punkt führt uns zur unendlichen Ausweitung. Durch Jesus gehen wir von allem, was tot ist, was beschränkt ist, hin zur unendlichen Ausweitung Gottes, zur unendlichen Ausweitung der Liebe.

Wenn wir zu diesem einen Punkt kommen, brauchen wir Mut. Wir brauchen Mut, um beharrlich zu sein, um keine Angst vor der Beschränkung zu haben, und keine Angst vor dem zu haben, was von uns verlangt wird. Es wird von uns Vertrauen verlangt. Es wird von uns verlangt zu glauben, dass das, was Jesus sagt, wahr ist, nämlich dass wir unser Leben erst verlieren müssen, um es dann wirklich finden zu können.

Meditieren ist wie das Durchbrechen der Schallgrenze. Wenn Sie diesen Punkt erreichen, kann es eine Menge Unruhe geben. Es ist dieser Moment, an dem Ihnen die Disziplin, die Sie gelernt haben, indem Sie Ihr Mantra aufsagen und voller Vertrauen damit fortfahren, es Ihnen ermöglicht, völlig offen zu sein für die Liebe Jesu, die Sie hindurchführen wird. Wenn wir diesen Punkt erreichen, scheinen wir eine Menge Mut zu brauchen. Es scheint, als bräuchten wir eine Menge Beharrlichkeit. Wir werden erkennen, dass aller Mut und alle Beharrlichkeit mit uns sind, in Jesus.

Das ist die fantastische Grundlage des christlichen Mysteriums – das Passah ist erreicht.

Es ist in Jesus erreicht. Es sind sein Mut, sein Vertrauen und seine Liebe, die uns in die unendliche Ausweitung führen, die Gott ist. Also gibt es keinen Boden für unsere Angst, unsere Zögerlichkeit, unseren Aufschub. Alles steht uns offen in der Liebe Jesu.

Die grundlegende Achse des christlichen Lebens besteht aus Tod und Auferstehung. Die Auferstehung in ein neues Leben, in ein unbegrenztes Leben, ewiges Leben. Jesus sagt uns, dass, wenn wir uns ihm öffnen, wenn wir den Mut haben, auf ihn zu hören, zuzuhören, was er sagt, dann ist das ewige Leben, das unendliche Leben und die unendliche Ausweitung des Lebens unser. Das ist das Mysterium. Das ist es, was wir der Welt verkünden sollen.

4 Das Mantra

Sobald Sie beharrlich beim Mantra bleiben, werden Sie langsam tiefer und tiefer aus Ihrer eigenen Erfahrung heraus erkennen, was Jesus meinte, als er sagte: „Selig, die arm sind vor Gott.“

John Main

4.1 Die erhabene Armut des Mantras

Eine grundlegende Aufgabe für jeden Christen besteht darin, die Armut als eine Bedingung spiritueller Entwicklung zu verstehen und das Gebet als die Vertiefung unserer Bekehrung zu sehen, unseres vertrauensvollen Hinwendens vom Selbst zu Gott.

Die klösterliche Tradition hat immer betont – schon seit Cassianus und dem Heiligen Benedikt –, dass Armut die Voraussetzung für das Gebet ist.

Die klösterliche Lehre und die klösterliche Tradition des Gebetes sagen nicht nur den Mönchen, sondern allen Christen jederzeit, dass unser Gebet unsere Erklärung der Armut ist, unsere Erfahrung der Armut. Und so sagt uns die Lehre, wie man beten soll, auch wie man sich selbst vom Geist in die absolut großzügige Armut des Geistes führen lässt. Von Cassianus bis zum heutigen Tage hat die klösterliche Tradition gelehrt, was Cassianus' *Zehnte Konferenz zum Gebet* die „Armut des einzelnen Verses" nennt. Wir werden zu dieser Anders-Zentriertheit der Liebe geführt, in das Gebet Christi, das der Geist ist, der in unseren Herzen betet, durch die Einfachheit, die Bescheidenheit, die Offenheit, uns selbst völlig der Meditation zu verpflichten, ein einziges Wort zu rezitieren.

Johannes Cassianus sieht den Zweck der Meditation darin, den Geist auf die Armut eines einzelnen Verses zu begrenzen. Er schreibt:

> *Der Geist soll unaufhörlich am [Mantra] festhalten, bis er – gestärkt durch die ständige Anwendung – loslässt und die reiche und reichliche Vielfalt jeglicher Gedanken ablehnt und sich selbst auf die Armut des einzelnen Verses beschränkt … Wer das erkennt, der kommt mit Leichtigkeit zur Ersten Seligsprechung: „Selig, die arm sind vor Gott; denn ihnen gehört das Himmelreich."* [Matthäus 5,3], Konferenz 10,11

Cassianus spricht davon, „erhaben arm“ zu werden. Das Gebet ist beides, das Wissen und die Erfahrung unserer eigenen Armut, unserer eigenen völligen Abhängigkeit von Gott, der die Quelle unseres Seins ist. Aber es ist auch die Erfahrung unserer Erlösung, unserer Bereicherung durch die Liebe Gottes in Jesus. Der zweifache Aspekt des Gebetes, von Armut und Erlösung, bewegt Cassianus dazu, den Zustand, den wir im Gebet genießen dürfen, „erhabene Armut“ zu nennen.

Die Meditation wird Ihnen mit Sicherheit neue Einsichten in die Armut geben. Wenn Sie im Mantra verharren, dann werden Sie tiefer und tiefer verstehen – aus Ihrer eigenen Erfahrung heraus –, was Jesus meinte, als er sagte: „Selig, die arm sind vor Gott.“ (Matthäus 5,3)

Sie werden auch auf sehr konkrete Art und Weise die Bedeutung der Ergebenheit lernen, wenn Sie treu und beharrlich das Mantra wiederholen. In der Meditation erklären wir unsere eigene Armut. Wir verzichten auf Worte, Gedanken, Vorstellungen, indem wir unseren Geist auf die Armut eines einzelnen Wortes beschränken. Das Mantra ist das Sakrament unserer Armut im Gebet.

Cassianus drückt es so aus, dass das Mantra alles enthält, was der menschliche Geist ausdrücken kann, und alles, was das menschliche Herz fühlen kann. Das eine kleine Wort führt uns in die Stille, die die Stille schöpferischer Energie ist.

Cassianus schreibt: „Der Christ hat als oberstes Ziel die Realisierung des Königreich Gottes, die Macht des Geistes Jesu in seinem Herzen.“ Aber wir können dies nicht selbst erreichen oder uns einen Weg dorthin ausdenken. Also haben wir ein einfacheres, direkteres Ziel, das Cassanius die „Reinheit des Herzens“ nennt. Und das ist alles, womit wir uns beschäftigen sollten, der Rest wird uns gegeben werden, so lehrt er. Der Weg zur Reinheit des Herzens, zur klaren Erkenntnis, ist der Weg der Armut, die erhabene Armut des Mantras.

4.2 Sein Mantra auswählen

Sein Wort oder Mantra auszuwählen ist überaus wichtig. Idealerweise sollten Sie Ihr Mantra in Absprache mit Ihrem Lehrer auswählen, denn es gibt eine Reihe Mantras, die für Anfänger geeignet sind. Wenn Sie keinen Lehrer haben, der Ihnen helfen kann, dann sollten Sie eines der Worte nehmen, die über die Jahrhunderte hinweg in unserer christlichen Tradition geehrt wurden. Einige dieser Worte wurden als erste Mantras für die christliche Meditation der frühen Kirche übernommen. Eines davon ist das Wort *maranatha*. Es ist das Mantra, das ich den meisten Anfängern empfehle: das aramäische Wort maranatha, das so viel bedeutet wie „Komm, Herr. Komm, Herr Jesus". Es ist das Wort, das der Heilige Paulus benutzt, um seinen ersten Brief an die Korinther zu beenden (1. Korinther 16,22). Und es ist auch das Wort, mit dem der Heilige Johannes das Buch seiner Offenbarung abschließt (Offenbarung 22,20). Und es hat auch seinen Platz in einigen der frühesten christlichen Liturgien (Didache 10,6).

Ich bevorzuge die aramäische Form, weil sie für die meisten von uns keinerlei Assoziation bietet, und das hilft uns dabei, frei von allen Bildern zu meditieren. Der Name „Jesus" wäre ebenfalls eine Möglichkeit, auch das Wort, das Jesus selbst in seinem Gebet nutzt, *Abba*, wiederum ein aramäisches Wort, welches „Vater" bedeutet. Sie sollten Ihr Mantra, wenn möglich, zusammen mit Ihrem Lehrer auswählen, und diesem Wort dann treu bleiben. Wenn Sie Ihr Mantra immer wieder austauschen, verzögert sich der Fortschritt Ihrer Meditation.

Wenn Sie Ihr Mantra sagen, dann ist es besser, nicht über die Bedeutung des Wortes nachzudenken. Sagen Sie es einfach und lauschen Sie seinem Klang. Der Autor von *The Cloud of Unknowing* empfiehlt, ein Mantra auszuwählen, das voller Bedeutung ist, wenn man es aber aufsagt, es ganz und gar zu sagen. Man soll nicht über die Bedeutung nachdenken. Das ist wirklich ein sehr guter Ratschlag.

Das Wesentliche des Mantras ist, dass es Sie zur Stille führt. Es ist kein magisches Wort, es ist kein Wort, das irgendwelche esoterischen Eigenschaften besitzt oder so etwas Ähnliches. Es ist einfach ein Wort, das in unserer Tradition heilig ist. Maranatha ist vielleicht das älteste christliche Gebet nach dem Vaterunser. Es ist ein Wort, das uns zu großer Friedlichkeit bringt, zu Ruhe und Stille. Zunächst empfehle ich Ihnen, ein Wort auszuwählen, das zumindest einen offenen a-Vokal in sich trägt. Ich denke, am besten ist es, mit *maranatha* anzufangen. Es ist das älteste christliche Gebet, und es hat den richtigen Klang, um uns in die Ruhe und Stille zu führen, die man zur Meditation braucht.

4.3 Stufen des Rezitierens

Wenn Sie beginnen, dann werden Sie allerlei Ablenkungen in Geist Kopf vorfinden. Der Zweck des Mantras ist, Ihren Geist zur Ruhe zu bringen, zu Frieden, zur Konzentration. Der einzige Weg, das zu schaffen, ist das beharrliche Aufsagen des Mantras.

Zu Beginn des Meditierens haben wir drei vorläufige Ziele. Das erste ist, einfach das Mantra für die gesamte Dauer der Meditation aufzusagen. Es wird eventuell eine Weile dauern, diese erste Hürde zu nehmen, und in der Zwischenzeit müssen wir lernen, geduldig zu sein.

Das zweite Ziel ist es, das Mantra während der Meditation ohne Unterbrechung aufzusagen und auch im Angesicht der vielfältigen Ablenkungen ruhig zu bleiben. In dieser Phase ist das Mantra wie ein Pflug, der resolut den Acker unseres Geistes umbricht, unbeeindruckt von irgendwelchen Störungen oder Bedrängnissen.

Das dritte der vorläufigen Ziele ist, das Mantra für die vollständige Zeit der Meditation aufzusagen, nahezu befreit von allen Ablenkungen. Die oberflächlichen Gebiete des Geistes sind nun eingestimmt auf die tiefe Friedlichkeit im Kern unseres Seins. Die gleiche Harmonie klingt durch unser Sein. Auf dieser Stufe haben wir die Gedanken, die Bilder und die Vorstellungen hinter uns gelassen. Wir ruhen einfach in der Wirklichkeit, die realisierte Gegenwart Gottes selbst wohnt in unseren Herzen.

Aber wir sollten weder Zeit noch Energie damit verschwenden, über die Stufe nachzudenken, die wir erreicht haben. „Wenn ihr nicht umkehrt und wie die Kinder werdet, könnt ihr nicht in das Himmelreich kommen." (Matthäus 18,3) Wir müssen beginnen, zu meditieren, beginnen, uns selbst der Liebe Gottes und seiner Macht zu öffnen. Um das zu tun, müssen wir nur damit anfangen, das Mantra aufzusagen, liebend und mit tiefem Vertrauen.

Die Stufen unseres Vorankommens in der Meditation werden in der ihnen eigenen Geschwindigkeit erreicht, in einer Geschwindigkeit, die Gott bestimmt. In der Tat behindern wir diesen Fortschritt dadurch, dass wir zu selbstbezogen werden, was den Status unserer Entwicklung angeht. An dieser Stelle ist ein Lehrer von großer Hilfe, der uns auf dem rechten Weg hält. Aber ich muss noch einmal betonen, dass ein Lehrer in erster Linie dazu da ist, Ihnen eine einzige Anweisung zu geben, und zwar, Ihr Mantra aufzusagen. Mehr ist bloße Ermutigung und Stütze, bis sich das Mantra in Ihrem Bewusstsein verwurzelt hat.

4.4 Rezitation und Klang des Mantras

Meditieren zu lernen heißt zu lernen, das Mantra aufzusagen. Weil es so einfach ist, sollten wir uns ziemlich klar darüber sein, was wir darunter zu verstehen haben, wenn wir davon sprechen, unser Mantra aufzusagen. Wir müssen in unserer Treue zum Mantra wachsen, und in gleicher Weise wächst das Mantra mehr und mehr in uns heran.

Wie Sie wissen, ist das Mantra, das ich Ihnen empfehle, das Wort *maranatha*, das alte aramäische Gebet, das bedeutet „Komm, Herr. Komm, Herr Jesus." Ich schlage vor, dass Sie das Wort still in Ihrem Geist artikulieren, mit vier gleich betonten Silben: ma-ra-na-tha.

Die meisten von uns beginnen damit, das Mantra zu „sagen". So, als würden wir es mit unserm Geist still irgendwo in unserem Kopf sprechen. Aber je mehr wir voranschreiten, desto vertrauter wird es uns, es wird weniger ein Fremder, weniger ein Eindringling in unserem Bewusstsein. Wir merken, dass es nach und nach weniger Anstrengung bedarf, beharrlich dabei zu bleiben, es während der gesamten Zeit unsere Meditation aufzusagen.

Dann ist es so, dass wir das Wort nicht so sehr in unserem Geiste „sprechen", sondern es vielmehr in unsern Herzen klingen lassen. Das ist die Stufe, in der das Mantra in unseren Herzen verwurzelt wird. Zu dem Zeitpunkt, in dem das Mantra in unseren Herzen erklingt, ist es so, als würde man ein Pendel leicht anstoßen, das dann in einem ruhigen, gleichmäßigen Rhythmus hin und her schwingt.

Es ist genau dieser Moment, in dem unsere Meditation wirklich beginnt. Wir fangen wirklich an, uns von uns weg zu konzentrieren, weil wir von nun an auf das Mantra hören, anstatt es aufzusagen, und zwar mit einer immer tiefer gehenden Aufmerksamkeit. Mein Lehrer beschrieb diese Stufe der Meditation so, dass es von diesem Moment an so sei, als würde das Mantra im Tal unter uns erklingen, während wir selbst mühsam die Seite des Berges erklimmen. Meditation ist im Wesentlichen die Kunst der Konzentration, denn je höher wir den Berg hinaufklettern, desto leiser klingt das Mantra aus dem Tal zu uns hinauf, und umso aufmerksamer und bewusster müssen wir hinhören.

Und dann kommt der Tag, an dem wir die „Wolke des Nichtwissens“ erreichen, und dort herrscht Stille, absolute Stille, und wir können das Mantra nicht länger hören.

Wenn wir anfangen zu meditieren, müssen wir das Mantra für die gesamten 20 oder 30 Minuten unserer Meditation aufsagen, egal in welcher Stimmung wir sind oder wie wir scheinbar darauf reagieren. Wenn wir voller Zuversicht voranschreiten, dann müssen wir es die ganze Zeit während unserer Meditation klingen lassen, egal welche Ablenkungen oder Gefühle aufkommen mögen. Dann, wenn das Mantra in unserem Herzen verwurzelt ist, müssen wir ihm mit unserer ganzen Aufmerksamkeit unaufhörlich lauschen.

Aber wir müssen immer daran denken, dass wir das Tempo der Meditation in keiner Weise erzwingen können, auch nicht den natürlichen Prozess, in dem sich das Mantra selbst in unserem Bewusstsein durch das simple Aufsagen des Wortes verwurzelt. Wir müssen uns nicht voller Selbst-Bewusstsein fragen: „Wie weit bin ich schon? Sage ich das Mantra, oder klingt es in mir oder höre ich ihm zu?“ Wenn wir versuchen, das Tempo zu bestimmen, oder wenn wir ständig mit einem Auge nach dem Fortschritt schielen, dann sind wir nicht-meditierend, denn wir konzentrieren uns auf uns selbst, stellen uns selbst in den Mittelpunkt, denken über uns selbst nach.

Ich wiederhole dies, um Ihnen deutlich zu machen, was das Wesentliche ist, und vielleicht ist dies der einzige Ratschlag zur Meditation, der wirklich wertvoll ist. Ich wiederhole es noch einmal: Sagen Sie Ihr Mantra! Das ist ein Glaubenssatz, der nicht leicht anzunehmen ist, und der nicht leicht zu befolgen ist. Wir alle hoffen, wenn wir mit dem Meditieren beginnen, auf sofortige mystische Erfahrungen, und wir neigen dazu, die ersten ungewöhnlichen Erfahrungen, die die Meditation mit sich bringt, überzubewerten. Aber das ist nicht wichtig. Wichtig ist, beim Mantra zu verharren, uns durch unsere Disziplin zu stabilisieren, wodurch wir uns auf die höheren Hänge des Berges vorbereiten.

Die Meditation erfordert völlige Einfachheit. Wir werden zu dieser völligen Einfachheit geführt, aber wir beginnen und fahren fort durch das Aufsagen des Mantras. Also beginnen Sie nun Ihre Meditation in der Einfachheit Ihres Herzens, setzen Sie Ihr Vertrauen in die bescheidene Aufgabe, das Mantra zu sagen, ohne damit aufzuhören.

4.5 Dem Mantra lauschen

Es ist schwierig ein Wort zu finden, das den Akt des Wiederholens des Mantras beschreibt. Das beste Wort ist vielleicht, es in seinem Herzen „klingen zu lassen". Die meisten Menschen sagen es im Kopf auf, wenn sie damit anfangen, ihr Mantra zu rezitieren. Dann, wenn man schon eine Weile dabei ist, wird das Mantra tiefer, zentrierter im Zentrum Ihres Seins, das wir als das Herz beschreiben. Es liegt an der einfachen Praxis des Meditierens, dass das Mantra fast ganz natürlich tiefer in uns hinein sinkt und beginnt, im Herzen zu klingen. Sie müssen nichts erzwingen, um das zu erreichen, lassen Sie es einfach geschehen, wenn es geschieht.

Meditation bedeutet, sein Mantra aufzusagen und ihm zuzuhören, vom Anfang bis zum Ende, es sich nicht vorzustellen, sondern ihm zu lauschen, als wäre es ein Klang. Visualisieren Sie es nicht. Die Vorstellungskraft muss völlig ausgeschaltet sein. Hören Sie nur zu, als wäre es ein Klang. Das ist das Wichtige daran. Hören Sie nur zu.

Was Sie tun müssen, ist, dem Mantra zuzuhören. Sie müssen dem Mantra, als dem tiefgründigsten und überragendstem Klang Ihres Seins zuhören. Dazu gehört eine beachtliche Menge Disziplin. Um das zu lernen, müssen Sie mit sich selbst sehr geduldig sein und der morgendlichen und abendlichen Meditation treu bleiben, und zwar jeden Tag. Darum ist es so wichtig, immer wieder darauf zurückzukommen.

Es empfiehlt sich nicht, sich stark zu bemühen, denn es ist wichtig, das Mantra mühelos, aber von ganzem Herzen aufzusagen. Mit ganzem Herzen soll bedeuten, dass das Bewusstsein ungeteilt ist. Die meiste Zeit ist unser Bewusstsein hoffnungslos zerstreut. Wir denken an drei, vier, sechs, ein Dutzend Dinge zur gleichen Zeit. Wir haben alles Mögliche im Kopf, das nicht miteinander vereinbar ist. Die Meditation bringt uns dahin, was die Schriften ein ungeteiltes Herz nennen. Unser Herz ist mit Liebe gefüllt. Unser Bewusstsein konzentriert sich, wenn Sie so wollen, ganz auf das Bewusstsein Christi, und in diesem Sinne ist es ein ungeteiltes Herz und ein ungeteiltes Bewusstsein. Es ist eine Integration Ihres ganzen Körpers und Ihres ganzen Geistes in das göttliche Bewusstsein.

Die Kunst der Meditation ist zu lernen, das Mantra im Herzen freizulassen, sodass es zu jedem Zeitpunkt in Ihrem Herzen erklingen kann, und zwar als ein Ort der Stabilität in der Tiefe Ihres Seins. Das Schwierige für uns ist dabei, dass wir immer die Kontrolle behalten wollen; und es ist sehr schwer für uns, zu lernen, das Mantra freizulassen, es klingen zu lassen und es in unseren Herzen singen zu lassen in einer Art glorreicher Freiheit.

Die Worte, mit denen wir versuchen, diese Dinge zu beschreiben, sind zu ungenau, um die Erfahrung wirklich wiederzugeben. Man kann es nur lernen, wenn man es selbst tut. Aber man soll sich das Mantra nicht vorstellen, nicht darüber nachdenken, nicht über seine Bedeutung nachdenken oder irgendetwas Ähnliches, sondern es nur sagen, rezitieren, ihm lauschen – in der größten Einfachheit, die Sie aufbringen können.

4.6 Sagen Sie Ihr Mantra, bis es nicht mehr geht

Lassen Sie mich noch einmal betonen, wie wichtig es ist, täglich der Meditation treu zu bleiben, jeden Morgen und jeden Abend, und auch dem Wort treu zu bleiben.

Wir hatten eine Gruppe Priester aus der Umgebung von Montreal heute Morgen hier, und einer von ihnen, der gerade mit der Meditation beginnt, sagte: „Wenn man einen heiligen Gedanken, einen religiösen Gedanken während der Meditation hat, dann sollte man dem sicherlich nachhängen." Was man verstehen muss, ist Folgendes: Wenn wir das Mantra mit wachsender und nahezu perfekter Treue aufsagt, dann konzentrieren wir uns nicht auf Gott. Wir konzentrieren uns auf seine wirkliche Gegenwart in unseren Herzen und in der gesamten Schöpfung. Wenn wir uns darauf konzentrieren, dann ist jeder Gedanke eine Ablenkung. Wir sind aufgefordert, in ihm völlig aufgenommen zu werden, mit ihm eins zu sein.

Es gibt keinen Zeitpunkt, an dem man bewusst damit aufhört, das Mantra zu sagen. Es gibt einen Zeitpunkt, an dem es sich einfach wie von selbst verflüchtigt. Ich empfehle Ihnen, darüber anfangs nicht zu viel nachzudenken, aber es ist nun mal so. Aber man darf sich dessen nie sicher sein, man darf nie versuchen, dies geschehen zu lassen. Sie sprechen Ihr Mantra jeden Morgen und jeden Abend, vielleicht 20 Jahre lang oder so. Dann, eines morgens oder eines abends, merken Sie plötzlich, dass Sie Ihr Mantra nicht sagen. Sobald Sie sich dessen bewusst werden, sagen Sie es schon wieder. Diese Momente des „Nicht-Sagens" können ein Bruchteil einer Sekunde sein, vielleicht drei Minuten oder auch mal eine halbe Stunde. Aber wenn Ihnen bewusst wird, dass Sie die ganze halbe Stunde lang Ihr Mantra nicht gesagt haben, dann können Sie sicher sein, dass Sie nicht meditieren, was auch immer Sie getan haben! Ein wirklich wichtiger Grundsatz, über den Sie sich klar werden müssen, ist: „Sagen Sie Ihr Mantra, bis Sie es nicht mehr sagen können." Sobald Sie merken, dass Sie

Ihr Mantra nicht mehr sagen, sagen Sie es schon wieder. Die klösterliche Tradition drückt es so aus: „Der Mönch, der weiß, dass er betet, betet nicht. Der Mönch, der nicht weiß, dass er betet, betet."

Sagen Sie das Wort so selbstlos, wie Sie können: ma-ra-na-tha. Und machen Sie damit weiter. Machen Sie damit weiter, Ihr Wort für die ganze Zeit der Meditation zu sprechen. Kehren Sie dazu zurück, wenn Sie aufgehört haben. Kümmern Sie sich nicht um Ablenkungen, bleiben Sie einfach dabei, Ihr Wort zu sagen. Während Sie dies tun, betreten Sie, gleiten Sie hinab in Bereiche der Einfachheit, von denen Sie kaum geglaubt hätten, dass sie in Ihnen existieren. Bereiche der Bescheidenheit in Ihnen, von denen Sie vergessen hatten, dass sie da sind; Ihre Fähigkeit, zu sein wie ein Kind, vertrauend und alle Ansprüche und Wünsche zurücklassend.

4.7 Atmen und das Mantra

Das Atmen während der Meditation ist wie das Atmen zu jedem anderen Zeitpunkt. Sie atmen, damit es weitergeht, Sie sind sich dessen kaum bewusst.

Am besten sagt man das Mantra, indem man das Mantra einatmet und in der Stille ausatmet. Manche Menschen finden, dass ein viersilbiges Mantra wie *maranatha* zu viel für ihre Lungen ist und sie es nicht ganz einatmen können. Dann können Sie einatmen bei *mara* und ausatmen bei *natha*. Aber am besten ist es wahrscheinlich, es ganz einzuatmen und dann in der Stille auszuatmen. Einige können das Mantra gar nicht im Rhythmus des Atmens sagen, und sagen es stattdessen im Rhythmus ihres Herzschlags. Andere wiederum können ihren Herzschlag nicht hören. Es ist also eine ganz persönliche Angelegenheit. Wenn es aber einen „besten" Weg gibt, dann den, das Mantra einzuatmen und in der Stille auszuatmen.

Wenn Sie anfangen, Ihr Mantra beim Einatmen aufzusagen, werden Sie sich Ihrer Atmung ein wenig besser bewusst werden. Der Sinn und Zweck, das Mantra täglich morgens und abends aufzusagen, besteht darin, es für Sie zu einem natürlichen Bestandteil werden zu lassen, sodass es schließlich zu einem ein völlig unbewussten Prozess wird. Sie „vergessen", dass Sie meditieren. Wichtig ist, zu versuchen, das Mantra im Herzen zu verwurzeln (eine Bezeichnung, die ich manchmal verwende). Wenn es dort einmal verwurzelt ist, dann atmen Sie es ein und atmen in der Stille aus, völlig unbewusst. Ma-ra-na-tha. Wenn es geht, dann atmen Sie es mit einem Atemzug ein, und atmen Sie es ruhig aus. Das Aufsagen des Mantras ist wie Ihre Akzeptanz von Gottes Geist, der Ihr Leben ist, den Sie einatmen und daher leben. Das Ausatmen in der Stille ist die Rückgabe Ihres Lebens an ihn, in absolutem Glauben und mit absoluter Liebe, bereit, es wieder anzunehmen, sollte er es Ihnen zurückgeben.

Ich sage anfangs nicht gerne zu viel über das Atmen, denn wir im Westen neigen dazu, uns zu sehr an Techniken festzuhalten. Wir müssen entdecken, dass das Meditieren die natürlichste Sache der Welt ist. Es ist, wozu wir geschaffen wurden – in absoluter Harmonie mit dem Schöpfer zu sein. Je unkomplizierter Sie also beginnen, desto besser.

5 Die Tradition

Das Mantra ist seit Anbeginn in der christlichen Tradition des Gebetes, das Verständnis, dass das Gebet jenseits der Vorgänge des Geistes ist.

John Main

5.1 Was uns die Tradition sagt

Wir sprechen zu Ihnen als Benediktinermönche. Unsere Botschaft an Sie ist, dass wir – Sie und ich – die Erben einer langen und reichen geistigen Tradition sind. Es ist eine Tradition, die hunderte Jahre weitergegeben wurde und überlebt hat, ungeachtet einiger Angriffe, ungeachtet vieler Missverständnisse und ungeachtet bloßer Verleugnung.

Die Tradition, aus der heraus wir sprechen, ist die Tradition der Gebete von Johannes Cassianus in der Wüste und die benediktinische Tradition, insbesondere wie sie in *The Cloud of Unknowing* tradiert wird, geschrieben im 14. Jahrhundert in England, und in den Schriften des Abtes Chapman aus dem England des 20. Jahrhunderts. Die Tradition sagt uns über die Jahrhunderte hinweg, dass die wichtigste Aufgabe für jedes Leben, das völlig lebendig, völlig menschlich sein will, darin besteht, so offen wie möglich zu sein für das Leben Jesu in uns.

Betrachten wir einen Augenblick, was uns die Tradition lehrt. Die Tradition lehrt uns, dass Jesus in unseren Herzen lebt. Wir alle haben das in der Schrift gelesen. Wir alle wissen es, bis zu einem gewissen Grad. Hören Sie, was Paulus sagt:

> *Denn immer werden wir, obgleich wir leben, um Jesu willen dem Tod ausgeliefert, damit auch das Leben Jesu an unserem sterblichen Fleisch offenbar wird.* 2. Korinther 4,11

Das ist die Überzeugung der frühen Kirche, dass das Leben Jesu fortschreitend und immer tiefgründiger in jedem von uns enthüllt wird. Wir müssen uns das völlig klar machen, denn das Christentum ist im Wesentlichen keine Theorie oder Theologie, es ist im Wesentlichen die Offenheit gegenüber der Person Jesus Christus. In dieser Offenheit werden wir von ihm zum Vater geholt. Das Christentum ist die Religion der

Transzendenz – wir transzendieren unser eigenes begrenztes Leben und treten ein in das grenzenlose Leben Gottes.

Wenn dies nun die grundlegende Theologie ist, was ist unsere Antwort darauf? Was sagt uns die Tradition über den Weg? Die Tradition sagt uns, dass wir lernen müssen, diszipliniert zu sein. Wir müssen lernen, das Selbst zurückzulassen, was mit anderen Worten heißt, dass wir die Beschränkungen des Selbst zurücklassen müssen und wir für das Sein Gottes offen sein müssen. Vertun Sie sich dabei nicht. Das Christentum verkündet eine verblüffende Lehre. Paulus schreibt:

> *Alles tun wir euretwegen, damit immer mehr Menschen aufgrund der überreich gewordenen Gnade den Dank vervielfachen, Gott zur Ehre.*
> 2. Korinther 4,15

Das ist die Lehre, für die wir offen sein müssen. Das ist die Person, für die wir offen sein müssen. Die Tradition sagt uns, dass wir Disziplin und Einfachheit lernen müssen. Daher unsere tägliche Meditation, jeden Morgen und jeden Abend. Und während der Zeit der Meditation lernen wir, völlig still zu sein. Das erreichen wir, indem wir unser Wort rezitieren.

Der Autor von *The Cloud of Unknowing* sagt, man soll die ganze Aktivität des Seins auf das Hersagen eines kleinen Wortes begrenzen. Das Rezitieren des Wortes wird Sie vieles lehren. Es wird Sie Bescheidenheit lehren. Es wird Sie Armut lehren, damit Sie die Reichhaltigkeit der Worte aufgeben, alle Ihre Ideen, um für die oberste Realität offen zu sein, der Unendlichkeit Gottes, die in kein Konzept gezwängt werden kann, in keine Idee, in keine intellektuelle Formel, sondern der Sie in Ihrem eigenen Herzen begegnen, in der Tiefe Ihres Seins, wo Sie offen sind für das Sein Gottes.

Meditation ist nicht Nachdenken über Gott, nicht Nachdenken über Theologie, nicht Nachdenken über Religion. Meditation ist etwas viel größeres als all das. Es ist mit Gott zu *sein*.

Wenn Sie beginnen, dann müssen Sie das glauben. Sie müssen das den frommen Männern und Frauen glauben, die der grundlegenden Theologie, dass Jesus lebt und dass er in unseren Herzen lebt, gegenübergetreten sind. Sie sind dem gegenübergetreten und haben versucht, die Wahrheit daraus zum wichtigsten Antrieb ihres Lebens zu machen. Das ist ihre Tradition.

Wenn wir uns hinsetzen, um zu meditieren, dann treten wir in Kontakt mit einer großen und glorreichen Tradition von Männern und Frauen, die durch die Jahrhunderte hindurch verstanden haben, dass es die größte Weisheit ist, das Selbst zurückzulassen. Männer und Frauen, die die Worte Jesu verstanden haben: „ … wenn ihr nicht euch selbst aufgebt, könnt ihr nicht meine Anhänger sein.“ Männer und Frauen, die sich auf den Pfad begeben haben, auf dem wir alle unsere Beschränkungen aufgeben und in die unendliche Großzügigkeit der Liebe Gottes eintreten.

5.2 Die Tradition des Mantras

Vielen einfachen Kirchgängern sowie Priestern, Mönchen und Nonnen erscheint das Mantra zunächst als eine verdächtige neumodische Art des Gebetes oder wie ein exotischer Trick oder eine Art Therapie, die bei der Entspannung helfen kann, aber in keiner Weise christlich genannt werden kann. Das ist unglaublich traurig. So viele Christen haben den Bezug zu ihrer eigenen Tradition des Gebetes verloren. Wir profitieren nicht länger wie wir sollten von der Weisheit und dem Erfahrungsschatz der großen Meister des Gebetes.

All diese Meister stimmen darin überein, dass es nicht wir sind, die im Gebet die Initiative ergreifen. Wir sprechen nicht zu Gott. Wir hören auf sein Wort in uns. Wir suchen nicht nach ihm, *er* ist es, der uns gefunden hat.

Walter Hilton drückte das im 14. Jahrhundert recht einfach aus: „Du selbst machst gar nichts; du erlaubst ihm einfach, in deiner Seele zu wirken." Der Ratschlag der Heiligen Theresa stimmte damit überein, indem Sie uns daran erinnert, dass wir uns im Gebet nur zur Verfügung stellen könnten, der Rest läge in der Macht des Geistes, der uns führt. Was uns Hilton und Theresa zeigen, ist die gleiche Erfahrung des Gebetes, die auch Paulus dazu gebracht hat, zu schreiben: „Wir wissen nicht, worum wir in rechter Weise beten sollen; der Geist selber tritt jedoch für uns ein ..." (Römer 8,26) Das bedeutet für die heutige Zeit, dass wir erst still werden müssen, uns konzentrieren müssen, bevor wir beten können. Nur dann können wir in ein liebendes Erkennen des Geistes Jesu in unseren Herzen eintreten.

Die Heilige Theresa von Avila war der Meinung, dass man, wenn man es mit dem Beten ernst meinte, in etwas geführt wird, was sie „das Gebet der Stille" nannte, und zwar innerhalb einer relativ kurzen Zeit – sechs Monate oder ein Jahr. Der Heilige Johannes vom Kreuz war der Auffassung, das grundlegende Zeichen für die Bereitschaft zur Stille im Gebet sei die Tatsache, dass das diskursive Denken im Gebet einen eindeutig ablenke und kontraproduktiv geworden war.

Das Mantra hat eine alte Tradition. Wir finden es in dem alten jüdischen Brauch des „Lobet den Herrn zu jeder Zeit". Wir finden das Mantra in der frühen christlichen Kirche. Wir können es beispielsweise auch im Vaterunser finden, das in der ursprünglichen aramäischen Form eine Aneinanderreihung kurzer rhythmischer Sätze war. Wir finden es auch in der orthodoxen Tradition des Gebetes Jesu, das Gebet, das Jesus selbst empfohlen hat: „Gott, sei mir Sünder gnädig." (Lukas 18,13)

Das Gebet Jesu, wie es in den Evangelien niedergeschrieben wurde, führt zu der gleichen Schlussfolgerung. „Herr, lehre uns zu beten", bitten ihn seine Jünger. Seine Lehre war reine Einfachheit.

> *Wenn ihr betet, macht es nicht wie die Heuchler … Du aber geh in deine Kammer, wenn du betest und schließ die Tür zu; dann bete zu deinem Vater, der im Verborgenen ist. … Wenn ihr betet, sollt ihr nicht plappern wie die Heiden, die meinen, sie werden nur erhört, wenn sie viele Worte machen. Macht es nicht wie sie; denn euer Vater weiß, was ihr braucht, noch ehe ihr ihn bittet.*
> Matthäus 6,5-8

Von Jesus wird gesagt, er habe im Garten Gethsemane immer und immer wieder „mit den gleichen Worten" gebetet. (Markus 14,39; Matthäus 26,44) Wann immer er Gott um des Volkes willen anrief, war das Wort Abba auf seinen Lippen, das gleiche Wort, mit dem Paulus den Geist Jesu beschreibt, der in unseren Herzen ruft.

Immer wieder lässt sich der praktische Ratschlag der Meister des Gebets in einer einzelnen Aufforderung zusammenfassen: „Sagen Sie Ihr Mantra." „Nutzen Sie dieses kleine Wort", so rät *The Cloud of Unknowing*, „und beten Sie nicht mit vielen Worten, sondern mit einem kurzen Wort von einer Silbe. Binden Sie dieses Wort schnell an Ihr Herz, damit es immer dort ist, komme, was wolle. Mit diesem Wort werden Sie alle Gedanken unterdrücken." (ch 7,39)

Abt Chapman beschreibt in seinem berühmten Brief vom Michaelistag 1920 den einfachen, vertrauenden Gebrauch des Mantras. Diesen hatte er mehr aus seiner eigenen, mutigen Beharrlichkeit im Gebet erfahren, als das er ihm von Lehrern gezeigt wurde. Er hatte eine einfache dauerhafte Tradition des Gebetes wieder entdeckt, die durch die Klöster Einzug in den Westen gehalten hatte und dort zunächst durch Johannes Cassianus im späten 4. Jahrhundert eingeführt wurde. Cassianus selbst hatte sie von den heiligen Männern der Wüste erfahren, deren Ursprung in die Zeiten der Apostel zurückreichte.

Die ehrwürdige Tradition des Mantras im christlichen Gebet ist vor allem mit äußerster Einfachheit zu umschreiben. Dies beantwortet sämtliche Forderungen der meisterlichen Ratschläge über das Beten, denn es führt uns zu einer harmonischen, aufmerksamen Stille des Kopfes, des Körpers und des Geistes. Es bedarf keines speziellen Talents, keiner besonderen Fähigkeit, außer ernsthafter Absicht und dem Mut zur Beharrlichkeit. „Keiner", so Cassianus, „wird von der Reinheit des Herzens abgehalten, weil er nicht lesen kann, und eine bäuerliche Einfachheit stellt kein Hindernis dar, denn es ist für alle offensichtlich, wenn sie nur ihren Geist und ihr Herz auf Gott richten, und zwar durch die ständige Wiederholung dieser Phrase."

Unser Mantra ist das alte aramäische Gebet: „Maranatha. Maranatha. Komm, Herr. Komm, Herr Jesus."

5.3 Die Reinheit des Herzens

Die frühen Kirchenväter beschreiben den Aufruf zur Meditation als einen Aufruf zur Reinigung des Herzens, eine Vision, die nicht verdunkelt ist durch Egoismus, Begierde oder Bilder. Ein Herz, das nur von der Liebe angetrieben wird.

Die Reinheit des Herzens ist ein wunderbares Konzept, das schon sehr früh in der Tradition auftaucht. Die ersten Väter der Mönchsbewegung sahen in der Reinheit des Herzens *die* notwendige Voraussetzung für den gesamten Sinn des christlichen Lebens, der für sie darin bestand, Gott mit absoluter Klarheit zu schauen. Die Meditation ist unser Weg zu dieser Klarheit der Vision. Die Fähigkeit, die wir dazu erlernen müssen, ist die, zu sehen, was dort ist: „Gesegnet sind die, die reinen Herzens sind, denn sie werden Gott schauen."

Die Meditation führt uns zu dieser Klarheit – die Klarheit der Vision, die Klarheit des Verstehens, die Klarheit der Liebe –, eine Klarheit, die aus der Einfachheit kommt.

Die Schule oder die Lehre, der wir folgen, ist die von Johannes Cassianus, der die Lehren der ersten Mönchsväter repräsentiert. Er lehrte eine Tradition, die von der menschlichen Qualität der Treue abhing, und tägliches Praktizieren war die Essenz dieser Treue.

Wir müssen sehr vorsichtig sein, das Meditieren nicht nur rein technisch zu betrachten. Die Essenz des Meditierens ist nicht die Technik, sondern das, was Johannes Cassianus die „Reinheit des Herzens" nannte. In seinen Schriften sagt er, dass die Essenz der Meditation, das Ende der Meditation, der Zweck der Meditation, das Königreich Gottes ist. Gottes Macht wird freigesetzt und schwingt mit aller Kraft in unseren Herzen. Des Weiteren sagt er, dass, bevor wir zu diesem letzten Ziel gelangen können, wir eine vorläufige Stufe erklimmen müssen. Diese Stufe nennt er die „Reinheit des Herzens". Das ist das Ziel aller Meditation – das Herz zu reinigen.

Nun dürfen wir nicht denken, dass sich dies allein durch Techniken erreichen ließe. Die Methode ist wichtig, aber es ist unsere Einstellung, die viel wichtiger ist. Wir nähern uns in einer einfachen, menschlichen Art und Weise. Es ist wichtig, dass wir verstehen, dass die Reinheit des Herzens der erste Schritt ist, den wir machen. Wir sind daran gewöhnt, dass es Techniken gibt, die sofort ein Ergebnis bringen. Die Tradition, von der wir sprechen, ist keine Tradition, die sich an Techniken oder sofortigen Ergebnissen orientiert. Die Tradition, von der wir sprechen, deren bedeutender Vertreter Johannes Cassianus ist, ist die unendlicher Freundlichkeit, unendlicher Geduld und unendlicher Treue.

Die Reinheit des Herzens bedeutet, klar zu sehen. Unsere Visionen sind so oft verdunkelt durch unseren eigenen Egoismus, unsere Wünsche. So oft sehen wir in anderen nur das, was sie uns nutzen oder bringen: „Was werden sie für mich tun?“ Und solange wir das so sehen, sehen wir sie nicht klar, wir sehen sie nicht so, wie sie sind. Wenn wir sie nicht so sehen, wie sie sind, dann können wir sie nicht lieben. Und noch einmal: Das ist der gesamte Zweck unseres christlichen Bekenntnisses. Das letzte Ende: das Königreich Gottes, die Vision Gottes. Das Königreich Gottes ist ganz einfach der Zustand, in dem alle von uns aus Gottes Macht heraus leben, aus seiner Kraft der Liebe heraus leben, umgeben von seiner Liebe. Wir tragen die Liebe weiter und vermehren sie in unseren Herzen, in unseren Leben, in unseren Beziehungen.

Der erste Schritt ist die Reinheit des Herzens. Das ist es, was der Autor von *The Cloud of Unknowing* als das „Verlieren der Wurzel der Sünde“ bezeichnet. Man kann es auch anders ausdrücken: Lernen, frei zu sein; lernen, aus der unendlichen Freiheit Gottes heraus zu leben und uns nicht von unserer Besitzgier, unseren Wünschen und unserer Selbstsucht bezwingen zu lassen. Das ist der direkte Weg zu Freude und Freiheit – nicht zu versuchen, einander zu dominieren, einander zu beeindrucken, sondern einander zu lieben. Das ist das, was die

Freude der christlichen Vision von Wirklichkeit ist.

Die Methode, die wir von Johannes Cassianus und tausend Jahre später von *The Cloud of Unknowing* übernommen haben, ist sehr einfach: jeden Tag zu meditieren, jeden Morgen und jeden Abend. Die Dauer: Wenn man anfängt ungefähr 20 Minuten und als Optimum eine halbe Stunde. Sie müssen lernen, während der Meditation eines zu tun: Ihr Mantra aufzusagen. Das Mantra ist ein Wort, und Sie lernen einfach, dieses Wort von Anfang bis Ende zu rezitieren. Anfangs ist es schwer zu erkennen, dass es das Wort selbst ist, das so essenziell ist. Es ist der Weg zur Freiheit. Während Sie das Wort rezitieren, achten Sie darauf und lassen alle eigenen Gedanken, eigenen Wünsche, eigenen Gefühle und Ihre eigene Vorstellungskraft los.

Die Essenz der Meditation liegt darin, damit aufzuhören, über sich selbst nachzudenken und auf das Wort zu lauschen. Die Schwierigkeit dabei ist, dass es Sie auf einen Nullpunkt reduziert und dass Sie über sich selbst nachdenken wollen. Sie wollen fragen: „Mache ich Fortschritte? Bin ich der Erleuchtung schon näher? Funktioniert das tatsächlich?" Aber Sie müssen alle diese Gedanken aufgeben, Sie müssen einfach darauf vertrauen, dass es gerade diese Reduzierung auf einen Nullpunkt ist, die Sie auf die andere Seite bringt, in die Unendlichkeit der Liebe Gottes. Wir müssen lernen, unsere Herzen von allem zu leeren, was nicht Gott ist, denn er benötigt den gesamten Raum, den unser Herz geben kann. Wir erlernen die Reinheit des Herzens, indem wir unser Mantra mit absoluter Treue aufsagen. Sie müssen daran glauben, dass die tägliche Wiederholung, jeden Morgen und jeden Abend das Wort in absolutem Glauben und mit Treue zu rezitieren, Sie stückweise zu dem Punkt des reinen Nichts bringt. Es ist dieser Punkt des reinen Nichts, an dem Sie in das Mysterium Gottes eintreten.

5.4 Johannes Cassianus

In der christlichen Geschichte haben Männer und Frauen des Gebetes eine besondere Mission erfüllt, indem sie ihre Zeitgenossen, aber auch die nachfolgenden Generationen, zur Erleuchtung brachten – der Wiedergeburt im Geiste, die Jesus gepredigt hat.

Johannes Cassianus aus dem 4. Jahrhundert war einer der einflussreichsten Lehrer des spirituellen Lebens im Westen. Er war der Lehrer und Inspirator des Heiligen Benedikt und somit des gesamten westlichen Mönchtums.

Cassianus' eigene Pilgerreise begann mit seiner Suche nach einem Lehrer, nach einem Meister des Gebetes, einem Meister, den er nicht in seinem eigenen Kloster in Bethlehem fand. So wie viele tausende junge Menschen auch heute in den Osten pilgern, um dort Weisheit und persönliche Führung zu suchen, so reisten auch Cassianus und sein Freund Germanus in die Wüste Ägyptens, wo im 4. Jahrhundert die heiligsten und berühmtesten Männer des Geistes zu finden waren.

Es war, als Cassianus mit absoluter Aufmerksamkeit den Lehren des heiligen Abtes Isaak zuhörte, dass er das erste Mal für das Gebet entflammte und den festen Entschluss fasste, beharrlich zu sein. Abt Isaak sprach eloquent und fundiert, aber Cassianus berichtet in seiner Ersten Konferenz:

> *Von den Worten des heiligen Abtes Isaak waren wir eher verwirrt, als befriedigt … denn wir fühlten, dass uns das Besondere des Gebetes gezeigt worden war, dennoch hatten wir bisher noch nicht seine Natur und die Macht verstanden, die von seiner Fortführung ausstrahlt.* Konferenz 9,36

Die Erfahrungen, die er machte, waren sicher denen ähnlich, die auch heute viele erleben, die Inspirierendes über das Gebet gehört haben, aber völlig unwissend gelassen werden, was es praktisch heißt, den Geist in seinem Herzen beten zu lassen.

Cassianus und Germanus kehrten nach ein paar Tagen demütig zu Abt Isaak zurück und stellten die einfach Frage: „Wie beten wir? Lehre es uns, zeige es uns?“ Seine Antwort auf Ihre Fragen war: Gebet ist sowohl die Anerkennung als auch die Erfahrung unserer eigenen Armut, unserer eigenen absoluten Abhängigkeit von Gott, der die Quelle unseres Lebens ist. Aber es ist auch die Erfahrung unserer Erlösung, unserer Bereicherung durch die Liebe Gottes in Jesus. Diese beiden Aspekte des Gebetes – Armut und Erlösung – führten dazu, dass Cassianus den Zustand, den wir im Gebet erfahren, die „erhabene Armut“ nannte.

Die ganz einfache, praktische Methode, die er lehrt, ist der beständige Gebrauch des Mantras.

> *Der Geist soll unaufhörlich am [Mantra] festhalten, bis er – gestärkt durch die ständige Anwendung – loslässt und die reiche und reichliche Vielfalt jeglicher Gedanken ablehnt und sich selbst auf die Armut des einzelnen Verses beschränkt ... Wer das erkennt, der kommt mit Leichtigkeit zur Ersten Seligsprechung: „Selig, die arm sind vor Gott; denn ihnen gehört das Himmelreich.“* [Matthäus 5,3], Konferenz 10,11

Das spirituelle Leben, das ernsthafte Verharren in der Armut des einzelnen Verses, ist für Cassianus ein Übergang. Indem wir verharren, gehen wir von Kummer zu Freude, von Einsamkeit zur Gemeinschaft, die ungebrochene Kenntnis des Lebens des Geistes erneuert uns ständig, gibt unseren sterblichen Körpern neues Leben.

Er schreibt: „Der Christ hat als oberstes Ziel die Realisierung des Königreichs Gottes, die Macht des Geistes Jesu in seinem Herzen.“ Aber wir können das nicht selbst erreichen oder uns einen Weg dorthin ausdenken, also haben wir ein viel einfacheres und vorrangigeres Ziel, das wir die „Reinheit des Herzens" nennen. „Das ist alles, worum wir uns sorgen sollten", so lehrt er, „der Rest wird uns gegeben werden."

Und der Weg zur Reinheit des Herzens, zur völligen und klaren Erkenntnis, ist der Weg der Armut, der „erhabenen Armut" des Mantras.

5.5 Das Mantra im christlichen Gebet

Seit Anbeginn findet sich das Mantra in der christlichen Tradition des Gebets. Die Vorstellung, dass das Gebet über die Vorgänge des Geists hinausgeht, findet sich in jeder maßgeblichen Aussage.

Der Heilige Ignatius von Loyola schrieb in seinen *Spirituellen Übungen*: „Wenn dieser Übergang perfekt sein soll, dann müssen wir alle diskursiven Gedankengänge des Intellekts zur Seite legen und die oberste Spitze unserer Seele auf Gott richten, um völlig in ihm transformiert zu werden."

Das Mantra erstreckt sich über Stufen des Bewusstseins und Dimensionen der Zeit. Es ist eine Art antwortendes Echo auf den Liebesruf des Geistes, auf das Leben Jesu, der zum Vater zurückkehrt. Eine Antwort, die in keinster Weise konzeptionell begründet ist, sondern eine absolute, unbedingte Antwort insofern, als dass wir uns ihrer bewusst sind, und zwar im tiefsten Grunde unseres Seins, an dem wir unsere völlige Armut und absolute Abhängigkeit von Gottes erhaltender Liebe erkennen und erfahren.

Unsere Antwort erreicht diesen absoluten Wert, reist zu der Quelle unseres Seins, bis wir das Mantra mit völliger Einfachheit aufsagen und während der Zeit des Meditierens in unserem Verzicht auf unsere Gedanken, Vorstellungen und unser Selbst-Bewusstsein verharren.

Wenn das Mantra tiefer verwurzelt und völlig in unser Bewusstsein aufgenommen ist, dann nimmt unser ganzes Sein Teil an unserer Antwort an den Geist. Der Sinn und Zweck ist die Integration aller Stufen unseres Seins in die Quelle unseres Seins, die Quelle, die den ganzen Menschen in sich selbst zurückruft, erwacht durch den Geist Jesu. Unser Ziel ist die Realisierung unseres ganzen Seins.

Es besteht kein Zweifel an dem absoluten Fordern des Mantras. Im Wesentlichen ist es unsere Akzeptanz der Absolutheit von Gottes Liebe, die unser Herz durch den Geist des auferstandenen Jesus durchflutet. Unser Tod besteht in der unnachgiebigen Einfachheit des Mantras und dem absoluten Verzicht auf Gedanken und Sprache während der Zeit der Meditation. Das Mantra schafft die Möglichkeit einer solchen Integration. Es bereitet uns als lebendes Opfer für den Herrn vor. Es führt uns in aller Einfachheit zu der zukunftsträchtigen christlichen Erfahrung, dem Gebet des Geistes in unserem Herzen.

Die Früchte dieser Erfahrung sind die Früchte des Geistes. Die vielleicht erste Entdeckung, die wir machen und die uns den Weg zu all diesen Gaben des Geistes öffnet, ist die unserer eigenen persönlichen und unendlichen Liebenswürdigkeit. Wir können die Erfahrung nicht vorwegnehmen oder erfinden, wir können nur lernen, still zu sein, ruhig zu sein und mit dem ständig wachsenden Verständnis unserer eigenen Harmonie abzuwarten. Die Früchte des Geistes kommen und erwachsen aus der Erfahrung des Geistes Jesu, der unser Herz durchflutet mit Gottes persönlicher Liebe und uns zur Fülle unseres Menschseins in unserer persönlichen Begegnung mit Jesus auffordert: „An ihren Früchten werdet ihr sie erkennen.“ Matthäus 7,16

Die Erneuerung und Bereicherung der Kirche und ihre Wiederherstellung als autoritäre Stimme im Leben der Menschen hängt von ihren Mitgliedern ab, die diese Erfahrung in der Tiefe ihres eigenen Herzens machen. Jedes Mitglied der Kirche ist zu diesem Erwachen aufgerufen. Jeder wird es auf die Weise erfahren, die zu ihm passt, abgestimmt auf den Plan seiner Erfüllung, der in der geheimnisvollen Liebe Gottes liegt.

Ich sage nicht, dass die Meditation der einzige Weg ist. Ich sage nur, dass es der einzige Weg ist, den ich gefunden habe. Aus meiner eigenen Erfahrung weiß ich, dass es der Weg der reinen Einfachheit ist, der es möglich macht, uns voll und ganz des Geistes bewusst zu werden, den Jesus in unser Herz gesendet hat. Das ist die überlieferte Erfahrung der wichtigsten Zweige der christlichen Tradition – von den Aposteln bis in unsere heutige Zeit.

6 Die Reise

Die Meditation ist … die Kunst aller Künste … Wenn Sie einmal verstehen, dass Meditation eine Kunst ist, dann beginnen Sie zu verstehen, dass die Praxis viel wichtiger ist als alle Spekulationen darüber.

John Main

6.1 Richten Sie Ihren Geist auf das Königreich

Hören Sie die Worte des Evangeliums nach Matthäus:

> *Mit dem Himmelreich ist es wie mit einem Schatz, der in einem Acker vergraben war. Ein Mann entdeckte ihn, grub ihn aber wieder ein. Und in seiner Freude verkaufte er alles, was er besaß, und kaufte den Acker. Auch ist es mit dem Himmelreich wie mit einem Kaufmann, der schöne Perlen suchte. Als er eine besonders wertvolle Perle fand, verkaufte er alles, was er besaß, und kaufte sie.*
> Matthäus 13,44-46

Das ist die Art von Verpflichtung, die wir brauchen – die Verpflichtung, jeden Tag zu meditieren und in unserer Meditation das Mantra vom Anfang bis zum Ende aufzusagen. Eine tägliche Pflicht und eine Pflicht, die das, was wir fühlen, völlig überschreitet. Wir meditieren nicht, wenn wir uns danach fühlen, oder wir meditieren nicht, wenn wir uns nicht danach fühlen. Wir akzeptieren die Disziplin der täglichen Meditation und der täglichen Wiederkehr.

Alle von uns, so denke ich, kommen einmal zu dem Punkt, wenn wir mit der Meditation beginnen, an dem wir uns fragen: „Was habe ich davon? Was tut es für mich? Oder ist es wie alles andere? Werde ich auch hier nichts anderes bekommen als Unfruchtbarkeit?" Die Versuchung ist groß, aufzugeben. Das ist der Grund, warum die Meditation so ein eigenartiger Prozess ist. Es dauert, bis unser Bewusstsein damit Schritt halten kann, was in unserem tiefsten Sein geschieht. Darum ist es so wichtig, einfach weiterzumachen, Tag um Tag, morgens und abends, und immer wieder das Mantra zu sprechen.

Was Sie aus Ihren Erfahrungen lernen werden ist, dass es keine halben Sachen gibt. Wir können nicht nur halb verpflichtet sein. So wie in der Meditation an sich, so ist es absolut einfach: Entweder sagen wir unser Mantra oder wir sagen es nicht. Wir können es nicht halb aufsagen. Und daher möchte ich Sie heute Abend dazu drängen, sich zu verpflichten, oder noch besser, sich selbst zu erlauben, sich dem Aufsagen des Mantras zu verpflichten.

Sie fragen vielleicht: „Wie lange wird das dauern?" Die Antwort ist, dass es so lange dauerte, wie es dauert, nur noch *einen* Wunsch zu haben: Ihren Geist auf das Königreich zu richten. Wenn Sie Ihren Geist auf das Königreich richten, dann wird uns alles andere gegeben werden, so sagt uns Jesus. Jeder Wunsch wird erfüllt. Es ist egal, wie lange es dauert. Das einzige, was zählt, ist, dass ein jeder von uns, gemäß seinen Fähigkeiten, auf dem Weg ist. Das heißt auch, die Zeit zu finden, was vielleicht bedeutet, eine Menge Opfer zu bringen, um jeden Morgen und jeden Abend zu meditieren. Das Minimum sind 20 Minuten, das Optimum 30 Minuten. Und was werden Sie in dieser Zeit machen? Ihren Geist auf das Königreich richten. Nichts anderes.

6.2 Selbst-Transzendenz

Das Wesentliche an der Botschaft des Evangeliums und das Wesentliche an der Erfahrung der Meditation ist nicht die Selbst-Analyse, sondern die Selbst-Transzendenz. Jesus drückt es so aus: „Wer mein Jünger sein will, der verleugne sich selbst" (Matthäus 16,24).

Ein großer Teil des Interesses an einem spirituellen Leben hat heutzutage einen psychologischen Ursprung. Die Menschen sind oft daran interessiert, was ihnen das Gebet, die Meditation, über sie selbst erzählen kann. Es ist für die Menschen unserer Generation recht einfach, alles im Sinne der Selbst-Verbesserung, des Selbst-Verständnisses usw. zu betrachten. Aber in der Tat kann diese Faszination des Auf-sich-Schauens verheerend für die spirituelle Reise sein. Es besteht die große Gefahr, dass wenn wir mit der Meditation loslegen und bemerken, dass wir uns selbst dadurch besser verstehen, dieser Spur der Entdeckungen folgen und dann ganz schnell feststellen, dass wir den eigentlichen Weg der Meditation verlassen haben, die Pilgerreise zu unendlichem Wissen und Weisheit. Wir stecken dann fest im begrenzten Wissen der Isolation, unserer eigenen Isolation. Es besteht die große Gefahr, dass wir überwältigt werden von uns selbst, von unseren eigenen Gedankengängen, so überwältigt, dass wir vergessen, dass wir auf einer Pilgerreise in das Mysterium Gottes sind. Wie Jesus sagt: „Wer mein Jünger sein will, der verleugne sich selbst" (Matthäus 16,24).

Es gibt keinen Zweifel darüber, dass einem die Reise viel abverlangt und mühsam ist. Man braucht Nerven, die Aufmerksamkeit von sich selbst wegzulenken, die eigenen Ideen fallen zu lassen und mit ganzem Herzen vorauszuschauen. Derjenige, der meditiert, ist wie ein Auge, das sehen kann, aber sich selbst kann es nicht sehen. Also ist es eine Reise, die Vertrauen braucht, die Verpflichtung bedeutet. Die Verpflichtung dem gegenüber, was hinter Ihnen selbst liegt, was größer ist als Sie selbst. Die Reise bedarf also Bescheidenheit, die Bescheidenheit, das Nachdenken über sich selbst aufzugeben. Das bedeutet, dass wir, wenn wir auf der Reise vorankommen, das, was wir denken, erreicht zu haben, ständig aufgeben müssen. Am Anfang ist es problematisch, dass wir immer darüber nachdenken, welche Fortschritte wir wohl machen, wie perfekt wir die Techniken ausführen und so weiter. Wir müssen lernen, loszulassen. Das ist die Herausforderung. Und es ist eine Herausforderung, die praktisch gesehen von uns verlangt, dass wir das Mantra vom Anfang bis zum Ende aufsagen. Das ist etwas, das Sie auf jeden Fall verstehen müssen. Wenn Sie lernen wollen, zu meditieren, ist es unerlässlich, jeden Tag zu meditieren, jeden Morgen und jeden Abend, und während Sie meditieren, müssen Sie das Mantra vom Anfang bis zum Ende aufsagen. Welche Gedanken auch immer auftauchen, egal ob es gute Gedanken sind, religiöse Gedanken, heilige Gedanken oder schlechte Gedanken sind – lassen Sie sie los und sagen Sie Ihr Mantra. Das heißt, dass wir alles vermeiden, was damit zu tun hat, uns im Sinne von Erfolg oder Misserfolg zu bewerten, im Sinne von Fortschritt oder Rückschritt. Meditation heißt zu lernen, einfach zu *sein*. Der Mensch zu sein, der Sie in der Gegenwart Gottes sind; der zu sein, der Sie in völliger Einfachheit sind. Und dahin führt uns das Mantra, wenn wir lernen, ihm zu vertrauen.

6.3 Beharrlichkeit

Das Wichtige beim Meditieren ist die Beharrlichkeit – jeden Morgen und jeden Abend zu meditieren und beharrlich das Mantra aufzusagen, vom Anfang bis zum Ende der Meditation. Das braucht seine Zeit. Werden Sie nicht ungeduldig mit sich selbst. Wenn Sie anfangen, dann sind nahezu gezwungen, zu sagen: „Das ist reine Zeitverschwendung. Dieser Typ muss verrückt sein. Ich kann hier nicht sitzen und nur dieses Wort eine halbe Stunde lang sagen." Jeder, so denke ich, der jemals meditiert hat, hat die gleiche Erfahrung gemacht. Wir beginnen damit, unser Mantra aufzusagen, und dann wandert unser Geist davon. Das Wichtige, was Sie verstehen müssen, ist: Wenn Sie meditieren, dann sagen Sie Ihr Mantra so gewissenhaft wie möglich. Sollten Sie merken, dass Ihr Geist umherzieht, dann fangen Sie wieder an und kommen zum Mantra zurück. Sie werden vielleicht auch mit dem Meditieren aufhören. Sie versuchen es drei Wochen lang, eventuell auch drei Monate lang. Das wichtige ist, wieder dahin zurückzukommen. Das Wesentliche ist, dass Sie jeden Morgen und jeden Abend meditieren.

Lassen Sie sich nicht von Misserfolgen entmutigen. Wir alle erleben Misserfolge. Niemand, der jemals meditiert hat, hat nicht angefangen, wieder aufgehört, wieder angefangen, wieder aufgehört, aufgegeben, wieder angefangen. Auch wenn Sie einen Tag oder eine Woche oder einen Monat oder ein Jahr aufhören, kommen Sie wieder darauf zurück und fangen Sie wieder an.

Alles ist von der Praxis abhängig. Es reicht nicht aus, Bücher über das Meditieren zu lesen. Je weniger Bücher Sie darüber lesen, desto besser. Es reicht nicht aus, die Meditation aus der Ferne zu bewundern. Das Wesentliche ist, dass jeder von uns, egal wo auf der Pilgerreise wir uns gerade befinden, ob wir seit einer Woche meditieren oder seit zehn Jahren oder wie lange auch immer, jeden Tag, den wir beginnen, wieder zum Anfang zurückkehrt und sich bescheiden, gläubig und liebend auf die Reise begibt.

6.4 Meditation als Kunst

Meditation wurde in der Tradition immer als Kunst verstanden. Es ist eine Kunst. Und es hilft uns, das so zu sehen, denn es erinnert uns daran, dass es ein Prozess ist, zu lernen mit unserer Kunst eins zu sein. Wenn Sie jemals einen großartigen Geigenspieler gesehen haben, dann werden der Spieler und die Geige während der Ausübung der Kunst eins. Für uns sieht es völlig mühelos aus. Immer, wenn ich Isaac Stern oder Yehudi Menuhin spielen gehört und gesehen habe, dachte ich mir, dass könnte ich auch. Es sah so einfach aus. Aber natürlich rührt diese Leichtigkeit, die große Künstler ausstrahlen, wenn sie eins mit ihrer Kunst werden, aus ihrer täglichen Praxis. Ein Künstler von der Berühmtheit eines Yehudi Menuhin übt immer noch vier Stunden jeden Tag.

Das Meditieren zu erlernen ist ein stufenweiser Prozess, und das wichtigste daran ist die Praxis. Wir müssen jeden Tag meditieren. Wir können nicht ans Meditieren herangehen und dabei hoffen, Experten zu sein, die nach ein oder zwei Wochen tüchtig sind – oder nach ein oder zwei Jahren. Was wir benötigen, ist die regelmäßige Praxis des Meditierens, jeden Morgen und jeden Abend und die ständige Verpflichtung dazu. Sie können alle Bücher der Welt über das Flötenspiel lesen, aber erst wenn Sie selbst eine Flöte in die Hand nehmen und beginnen, zu spielen, haben Sie wirklich damit angefangen. Wenn Sie einmal verstehen, dass die Meditation eine Kunst ist, dann beginnen Sie auch zu verstehen, dass die Praxis viel wichtiger ist als jedes vernünftige Spekulieren darüber. Und so müssen wir verstehen, dass wir Disziplin lernen müssen, um meditieren zu können. Die Disziplin, sich hinzusetzen und ruhig zu sitzen und unser Wort, unser Mantra, aufzusagen, vom Anfang bis zum Ende der Meditation. Das ist schwer zu verstehen, wenn man anfängt.

Wenn wir mit der Meditation beginnen, entdecken wir, dass wir voller Ablenkungen sind. Ich denke, Sie sollten mit diesen

Ablenkungen geduldig umgehen. Eines der bescheidenen Dinge, die man beim Meditieren lernt, ist, dass man nicht einfach die Schallplatte abstellen kann. Sie denken, Sie könnten das. Wenn Sie vorher jemand gefragt hätte, dann hätten Sie zur Antwort gegeben: „Ich habe meine Gedanken völlig unter Kontrolle. Wenn ich über etwas nicht nachdenken möchte, dann werde ich das auch nicht." Aber wenn Sie dann anfangen, zu meditieren, entdecken Sie – jedenfalls die meisten –, dass es nicht nur eine Schallplatte gibt, die da spielt, sondern ein Dutzend, die wie der Turm zu Babel sind. Wenn Sie diese Schallplatten ständig ignorieren, werden sie schließlich aufhören zu klingen, die Geräusche verstummen. Weil Sie sie ignorieren. Lernen, zu ignorieren ist die große Disziplin der Meditation. Wirklich wichtig ist, dass Sie sich dem Aufsagen des Mantras so gut Sie können verpflichten. Das ist die ganze Kunst beim Meditieren.

Ich würde folgenden Ratschlag geben: Versuchen Sie so gut Sie können, das Mantra aufzusagen. Das scheint schwieriger zu sein, als es ist. Es ist wie schwimmen oder Rad fahren. Wenn Sie als Kind das erste Mal ein Fahrrad sehen, dann können Sie sich nicht vorstellen, dass man sich wirklich auf diesen beiden Rädern halten und vorwärts kommen kann, man muss doch herunterfallen. Dann steigen Sie auf und spannen jeden Muskel Ihres Körpers an, und Sie fallen herunter. Also sagen Sie: „Na also, was habe ich gesagt, es geht nicht." Genauso ist es beim Meditieren. Wir gehen von einem sehr angespannten Ausgangspunkt an die Sache heran. Aber die Freundlichkeit, das Mitleid, der Friede und die Liebe Gottes werden Sie überwältigen.

Sie müssen sich über die Ablenkungen überhaupt keine Gedanken machen. Sie sind nur ein Grund für Demut. Es ist schon etwas Besonderes – da sind wir, leben in der gebildetsten Kultur, die es je auf Erden gegeben hat, mit all den Vorteilen der Ausbildung und des Lesens und allen Fertigkeiten, die wir besitzen, und wir können nicht still sitzen für zehn

Sekunden! Das sollte uns bescheiden werden lassen. Verharren Sie nur darin und sagen Sie Ihr Mantra.

Sie müssen sanft anfangen. Aber wenn Sie merken, dass Sie aufgeben müssen, etwa in der ersten Woche des Meditierens, dann geben Sie vielleicht besser auf. Aber in der zweiten Woche geben Sie nur an sechs von sieben Tagen auf, und versuchen Sie, es Stück für Stück auszuweiten.

6.5 Ohne Erwartungen

Wenn wir anfangen, dann haben wir alle möglichen Erwartungen: dass es uns Frieden bringt, wir uns besser konzentrieren können, es uns in unseren persönlichen Beziehungen weiterbringt etc.

Eine grundlegende Sache, die wir über das Meditieren lernen müssen, ist, keine Erwartungen zu haben. Wir müssen lernen, dass der Weg, den wir betreten, der Pfad der Enteignung ist. Wir müssen lernen, unseren Wunsch nach Weisheit, Wissen, Heiligkeit oder was auch immer loszulassen. Wenn wir erst einmal in die Erfahrung des Gebetes in unserer Meditation eintreten, beginnen wir, die beschränkenden Faktoren zu verstehen, die im Beten für Dinge enthalten sind, für beschränkte Dinge, für gewünschte Dinge. Wir beginnen, das wahre Wunder der Erfahrung des Gebetes selbst wertzuschätzen, das Wunder, in die Unendlichkeit des Gebetes Christi einzutreten, die nicht aufgezeichneten Meere der göttlichen Wirklichkeit, für die es keine Worte gibt, sie zu beschreiben. In der Erfahrung unserer Meditation beginnen wir zu lernen, dass das Beten für Dinge so oft in unseren eigenen Wünschen begründet ist. Das muss uns klar werden. Wir müssen alle Wünsche hinter uns lassen.

Wir meditieren nicht, um irgendeine Art von Einsicht zu erlangen. Wir meditieren nicht, um überhaupt irgendetwas zu bekommen. Genau das Gegenteil. Wir meditieren, um uns selbst abgeben zu können, nicht nur unsere Ideen und Einsichten, sondern um uns selbst von uns selbst wegzugeben. Der Kern der christlichen Meditation ist, dass wir in Gott aufgenommen werden, wo wir uns selbst verlieren und uns nur in Gott wieder finden. Die große Mystikerin Katherina von Genua schrieb: „Ich kenne mich nur in Gott." Nun, das ist ein sehr schwieriges Konzept, mit dem wir übereinkommen müssen, denn wir alle sind zu Materialisten erzogen worden. Wir sind alle dazu erzogen worden, besitzen zu wollen, kontrollieren zu wollen. Sich hinzusetzen und sich freiwillig arm zu machen, uns abzugeben, wenn wir in die Gegenwart Gottes eintreten, ist wirklich eine große Herausforderung für uns. Ich denke, es ist die Erfahrung vieler Meditierender, insbesondere der Anfänger, dass es oft so aussieht, als sei die halbe Stunde am Morgen und am Abend, die man meditierend verbringt, eine absolute Zeitverschwendung. Sie werden aufstehen und sagen: „Was hat mir das jetzt gebracht?" Nichts. „Was ist passiert?" Nichts. Alles, was zählt, ist, dass Sie Ihr Mantra aufsagen, und Sie dabei bleiben, es für die ganze Zeit der Meditation aufzusagen.

6.6 Psychische Phänomene

Wenn wir mit dem Meditieren anfangen, dann können alle möglichen psychischen Phänomene auftreten. Bei einigen, die von sich denken, sie wären ziemlich normal, geschieht gar nichts. Andere, vielleicht die mit einer größeren Vorstellungskraft, sehen manchmal Farben oder Wolkenformationen oder hören einen wunderbaren Gesang. Doch es ist wichtig, durch alle diese Phänomene geradeaus hindurchzugehen. Sie sind überhaupt nicht wichtig. Sie hängen eher mit Ihrer Leber und dem, was es zum Essen gab zusammen, als dass sie eine spirituelle Bedeutung hätten. Wichtig ist nur, das Mantra aufzusagen, und zwar mit einem wachsenden Geist der Armut und der Treue. Das ist, was wirklich zählt.

Für die Westler ist es besonders schwer zu verstehen, dass es bei der Meditation nicht darum geht, irgendetwas geschehen zu lassen. Alle von uns sind so auf Techniken und Produktion fixiert, dass wir auch bei der Meditation denken, wir müssten etwas geschehen lassen. Was dieses etwas ist, hängt ein bisschen von unserer Vorstellungskraft ab, manchmal versuchen wir, Visionen zu haben, oder Blitze eines gleißenden Lichts zu sehen oder so etwas. Man muss zunächst verstehen, dass es bei der Meditation nicht darum geht, etwas geschehen zu lassen.

Manchmal passiert es, dass Sie ein großes Gefühl des Friedens überkommt, während Sie meditieren, vor allem als Anfänger. Dann sagen Sie sich: „Das ist aber wunderbar. Wo führt mich das hin? Worum geht es dabei? Lass mich das herausfinden.“ Und dann hören Sie auf, Ihr Mantra zu sagen. Und es ist wahrscheinlich, dass genau in diesem Augenblick das Gefühl des Friedens verloren geht. Aber es wird noch schlimmer, denn wenn Sie dieses Gefühl des Friedens verloren haben, dann versuchen Sie, es wiederzufinden. Also fangen Sie wieder mit Ihrem Mantra an, lauter oder drängender, um dieses Gefühl des Friedens noch einmal zu erfahren. Aber Meditation ist der Weg der Enteignung, wie es der Heilige Johannes vom Kreuz formuliert. Wir versuchen nicht, Gott zu besitzen oder ihn dahin zu bringen, uns Gnade zu geben, Trost oder ein Hochgefühl oder sonst etwas zu geben. Wir meditieren, weil es notwendig ist, zu meditieren. Also meditieren wir ohne Ansprüche, ohne irgendwelche materialistischen Ziele.

Bei der Meditation geht es um die tiefe Verwandlung des Herzens. Dahin wenden wir uns, wenn wir lernen, still zu sein, lernen, uns bewusst zu werden, dass Gott sich selbst als Mensch offenbart hat durch Jesus. Und Jesus offenbart sich uns in unseren Herzen, durch seinen Geist, den er gesandt hat, in unseren Herzen zu wohnen. Wir müssen für den Geist so offen sein, wie es in diesem Leben nur möglich ist.

Lassen Sie mich nun noch einmal an den Weg erinnern. Es ist der Weg der Einfachheit. Es ist ein Weg, der kindliches Vertrauen und kindliches Wunder verlangt. Nicht danach zu schauen, dass irgendetwas geschieht, irgendwelche Einsichten oder Weisheit oder sonst ein äußeres Phänomen. All dies ist trivial im Vergleich mit der Wirklichkeit, die ist. Die Wirklichkeit, die ist, kennen wir aus unserem christlichen Glauben: Der Geist Gottes wohnt in den Herzen eines jeden von uns. Wir müssen uns abwenden von allem, das vorbeigeht, von allem, dass nur zeitweilig ist, und anstelle dessen unsere Herzen dem öffnen, was dauerhaft ist – Gott und seiner Liebe zu dir und zu mir.

6.7 Fortschritt in der Stille

Die Menschen fragen mich oft: „Welchen Fortschritt kann ich erwarten, wenn ich meditiere?" Ich denke, es ist wichtig, dass wir verstehen, dass unser Fortschritt nirgendwo zu finden ist, außer in der Stille.

Wenn Sie sich fragen, welchen Fortschritt Sie machen, dann fragen Sie sich nicht: „Schwebe ich?", „Habe ich Visionen?" Das hat damit nichts zu tun. Wenn Sie Visionen haben oder schweben, dann hängt das eher mit Ihrer Ernährung zusammen, oder Sie haben zu viel Wasser getrunken – jedenfalls hat es nichts mit dem Geist zu tun. Also befassen Sie sich nicht mit den Phänomenen der Meditation. Das ist ein großes Problem für viele unserer Zeitgenossen – und wir alle sind davon betroffen – dass wir uns mit den Phänomenen befassen.

Der Fortschritt liegt in der Stille. Das ist es, was Sie versuchen müssen, zu verstehen. Es ist für uns, die wir in einer Gesellschaft wie der unseren leben, schwer zu verstehen, da wir immer Ziele erreichen sollen. Da gibt es die erste Stufe, dann die zweite Stufe. Jemand hat mir neulich das Programm einer spirituellen Schule geschickt, und es las sich wunderbar. Da gab es Kurse für Anfänger in Spiritualität, dann Kurse für fortgeschrittene Spiritualität und super-fortgeschrittene Spiritualität. Um daran teilzunehmen, musste man jeweils den vorhergehenden Kurs erfolgreich belegt haben. Nun, das hat wenig mit dem zu tun, worüber Paulus schreibt. Hören Sie die Zeilen, die Paulus an die Epheser schreibt:

> *Er kam und verkündete den Frieden: euch, den Fernen, und uns, den Nahen. Durch ihn haben wir beide in dem einen Geist Zugang zum Vater.*
> Epheser 2,17-18

Das sind ausgezeichnete Worte des Heiligen Paulus. Die Botschaft, die wir darin finden, ist, dass Jesus all das erreicht hat. Er hat für uns den Weg zum Vater geöffnet. Wir selbst müssen gar nichts tun, um das zustande zu bringen. So ist es. Wir haben durch ihn Zugang zum Vater, und alles was wir tun müssen ist, das zu realisieren. Darum geht es bei der Meditation. Es geht darum, unser Herz zu öffnen, unser Bewusstsein der großen Wirklichkeit zu öffnen, die in unserem Herzen stattfindet. In unserem Herzen verehrt der Geist Jesu den Vater, liebt den Vater, kehrt in Liebe zu ihm zurück.

Denken Sie nicht, die Meditation wäre das Sahnehäubchen auf dem Kuchen Ihres Tages. Es geht nicht darum, ein bisschen Spiritualität in den Tag zu bringen. Betrachten Sie es als Erfüllung des ganzen Tages mit Wirklichkeit, der höchsten Wirklichkeit, dass wir Zugang zu Gott haben. Meditation ist einfach Offenheit dieser Wirklichkeit gegenüber. Wenn Sie also an Fortschritt denken, dann denken Sie nur an den Fortschritt in der Stille, in der Ruhe. Seien Sie in Ihrer körperlichen Haltung so ruhig wie möglich. Wenn Sich Ihr Herz mit Verwunderung über das unergründliche Mysterium, dessen wir ein Teil sind, erfüllt, dann seien Sie noch viel ruhiger. Fortschritt ist nur Fortschritt in der Treue.

Suchen Sie keine Ergebnisse. Suchen Sie nur nach Ihrer Gewissenhaftigkeit, morgens und abends zu meditieren. Und während des Meditierens sprechen Sie Ihr Wort, vom Anfang bis zum Ende. Nur so können Sie das Meditieren lernen. Wie ich schon sagte: Vergessen Sie Ergebnisse, wenigstens die ersten 20 Jahre oder so. Danach ist es Ihnen sowieso egal. Das Wichtige daran ist die tägliche Treue. Und die Treue, während der Meditation das Mantra vom Anfang bis zum Ende aufzusagen.

6.8 Nicht mein Weg, aber der Weg

Die Menschen fragen: „Wie lange wird das dauern? Ich haben sechs Monate lang jeden Morgen und jeden Abend meditiert, und ich bin mir nicht sicher, ob es schon irgendeinen Unterschied macht." Die Antwort darauf ist: Es ist egal, wie lange es dauert. Es zählt nur, dass wir auf dem Weg sind, auf der Pilgerreise, und zwar täglich. Vielleicht geht es nur einen Zentimeter am Tag voran –, aber täglich wächst unsere Verpflichtung zur Wahrheit und zur Freiheit. Das Wachsen ist oft kaum wahrnehmbar, aber das ist nicht wichtig. Es ist nur wichtig, dass wir wachsen, dass wir uns nicht mit der Hälfte zufrieden geben, und dass wir nicht das Geschenk unseres eigenen Seins verraten, sondern uns dem Wachsen und der Reife verpflichten.

Die einzelnen Stufen des Fortschritts bei der Meditation werden erreicht, wenn ihre Zeit dafür gekommen ist. Gottes eigene Zeit. Wir behindern nur den Fortschritt, indem wir uns zu selbst-bewusst mit der Entwicklung der einzelnen Stufen beschäftigen. Natürlich gibt es Stufen, die wir direkt überwinden auf dem Weg zur völligen Realisierung des Königreich Gottes in uns. Aber wir sollten keine Zeit und keine Energie damit verschwenden, uns darüber Gedanken zu machen, wie weit wir schon gekommen sind. „Wenn ihr nicht umkehrt und wie die Kinder werdet, könnt ihr nicht in das Himmelreich kommen." (Matthäus 18,3) Wir müssen anfangen, zu meditieren, anfangen, uns der Liebe Gottes und seiner Macht zu öffnen. Um das zu tun, ist es nur notwendig, damit anzufangen, das Mantra zu sprechen, liebend und im tiefen Glauben.

Das Wunderbare, das wir verstehen müssen, ist die Aufforderung Jesu an uns, dem Weg zu folgen. Nicht meinem Weg, sondern *dem* Weg. Für uns als moderne Männer und Frauen ist das schwer zu verstehen, denn fast all unsere Erfahrung lehrt uns, nach *meinem* Weg zu suchen, der *mir* Glück, Zufriedenheit, Erfüllung bringt. Aber der deutliche Aufruf Jesu an einen jeden von uns ist, *dem* Weg zu folgen. Der Weg, wie wir alle wissen, ist Jesus. Er ist der Weg, der Weg, der Wahrheit und Leben ist.

Es mag uns so scheinen, als würden wir keinen Fortschritt machen; es mag uns so scheinen, dass wir das Mantra seit Wochen, Monaten, Jahren aufsagen, ohne Ergebnisse. Wenn es Ihnen so geht, dann denken Sie daran: Es ist nicht *Ihr* Weg, es ist *der* Weg. Die Reise, auf der wir uns befinden, ist nicht nur unsere Reise, es ist *die* Reise. Der Weg ist Jesus. Der Weg ist Wahrheit und Leben.

Im Evangelium nach Matthäus:

> *Und wer nicht sein Kreuz auf sich nimmt und mir nachfolgt, ist meiner nicht würdig. Wer das Leben gewinnen will, wird es verlieren; wer aber das Leben um meinetwillen verliert, wird es gewinnen.*
> Matthäus 10,38-39

Und ein wenig später:

> *Darauf sagte Jesus zu seinen Jüngern: Wer mein Jünger sein will, der verleugne sich selbst, nehme sein Kreuz auf sich und folge mir nach. Denn wer sein Leben retten will, wird es verlieren; wer aber sein Leben um meinetwillen verliert, wird es gewinnen. Was nützt es einem Menschen, wenn er die ganze Welt gewinnt, dabei aber sein Leben einbüßt? Um welchen Preis kann ein Mensch sein Leben zurückkaufen?* Matthäus 16,24-26

6.9 Das höchste Ziel der Meditation

Wenn man das erste Mal mit der Meditation beginnt, haben viele Menschen das Gefühl, gerade am Anfang zu einer ganz außergewöhnlichen Stille und Friedlichkeit zu gelangen. Aber dann, wenn sie weitermachen, erleben Sie einen ganz verwirrenden Zustand: „Meditation ist nichts für mich, ich habe dafür kein Talent; alles was ich dadurch erfahre, sind nur immer größere Ablenkungen." Das ist meiner Meinung nach der Augenblick, an dem man beharrlich bleiben muss.

Das höchste Ziel der Meditation ist es, Sie zur völligen Stille zu bringen. Es muss eine Stille sein, die absolut nicht selbst-bewusst ist. Eine alte Weisheit drückt es so aus: „Der Mönch, der weiß, dass er betet, betet nicht. Der Mönch, der nicht weiß, dass er betet, betet." Sobald Sie also bewusst erleben, dass Sie in dieser Stille sind und es wunderschön ist, müssen Sie sofort Ihr Mantra aufsagen. Das übt Sie in der Großzügigkeit, nicht zu versuchen, die Früchte der Meditation besitzen zu wollen. Das ist jedoch schwierig, denn die meisten Menschen unserer Gesellschaft unternehmen alles Mögliche, um die Erfahrung zu erfahren. Meditation ist insofern anders, als sie der Eintritt in die reine Erfahrung ist.

Also sagen Sie Ihr Mantra, bis Sie zur totalen Stille kommen, und den Bruchteil einer Sekunde können Sie in dieser Stille sein, oder eine Minute lang oder 20 Minuten. Aber sobald Sie erkennen, dass Sie in dieser Stille sind, beginnen Sie wieder Ihr Mantra aufzusagen. Und versuchen Sie nicht, dies geschehen zu lassen. ES ist ein weitere Bedrohung, dass wir einen Fortschritt machen wollen, dass wir irgendeine Sicherheit haben wollen, dass es das Ganze auch wert ist. An diesem Punkt muss man der Versuchung widerstehen, die Früchte der Meditation besitzen zu wollen. Sie müssen nur meditieren und das Mantra aufsagen. Wenn Sie bemerken, dass Sie es nicht sagen, sagen Sie es wieder.

Doch sind es diese Momente der reinen Stille, die die Momente der Offenbarung sind. Ich spreche nicht oft darüber, weil es schrecklich wäre, zu versuchen, diese Erfahrungen mit Absicht herzustellen. Keiner, der uns hier zuhört, sollte jemals versuchen, diese Erfahrung absichtlich herbeizuführen. Sie müssen Ihr Mantra aufsagen, dabei bleiben, bescheiden sein, einfach sein. Das Geschenk des reinen Gebetes, der reinen Kontemplation, der reinen Stille ist ein absolutes Geschenk, niemals etwas, das wir verdienen oder von Gott erzwingen können. Wenn es gegeben wird, dann nehmen wir es mit Freude an, und dann sagen wir wieder unser Mantra.

7 Die Früchte

Jeder, der beharrlich bei der Meditation bleibt, entdeckt, dass sich schrittweise unser ganzes Leben verändert, obwohl während des Meditierens an sich nichts zu geschehen scheint.

John Main

7.1 Im Augenblick leben

Wenn wir meditieren, dann treten wir ganz in den Augenblick ein. Jedes Mal, wenn Sie Ihr Mantra rezitieren, sind Sie in diesem Moment völlig gegenwärtig.

Um zu meditieren, müssen Sie lernen, das Mantra vom Anfang der Meditation bis zum Ende aufzusagen. Ganz gleich, welche brillanten Gedanken, welche originellen Ideen Ihnen kommen – lassen Sie sie ziehen. Hängen Sie nicht daran. Und hören Sie den Klang Ihres Mantras. Dies führt uns zu einer Aufmerksamkeit, einem Geist der Aufmerksamkeit, einem Wissen dessen, was *ist*. Nicht, was war oder was sein könnte, sondern was *ist*.

Sie denken nicht an die Vergangenheit, Sie planen nicht für die Zukunft. Sie sind hier, völlig in diesem Moment. Viele von uns, vielleicht sogar die meisten, verbringen so viel Zeit damit, über die Vergangenheit nachzudenken oder für die Zukunft zu planen, dass unser Geist oft sehr leicht von Erinnerungen und Plänen abgelenkt werden kann. Es besteht die große Gefahr, dass wir niemals wirklich mit der Gegenwart einig werden. Ich denke, Sie alle wissen, wie schmerzhaft es ist, bei jemandem zu sein, der nur in der Vergangenheit lebt. Genauso schmerzhaft ist es, wenn der andere nur an die Zukunft denkt.

Um zu meditieren, müssen wir lernen, uns ganz auf das Mantra zu richten, ihm zuzuhören, mit einer Einfachheit des Geistes und voller Konzentration. Wenn wir meditieren, dann denken wir überhaupt nicht an die Vergangenheit. Wir sind in Wirklichkeit von der Vergangenheit befreit. Wir sind von der Vergangenheit befreit, weil wir, während wir meditieren, während wir uns selbst der Macht des lebenden Christus öffnen, realisieren, dass die Vergangenheit keine letzte Macht über uns hat, und zwar aufgrund der Realität, dessen, was ist, nun, in der Gegenwart. So, wie wir von der Vergangenheit befreit sind, so sind wir auch zu genau dem Zeitpunkt von der

Zukunft befreit, an dem wir erkennen, dass das, was *ist*, ausreichend ist. Es reicht aus für jetzt, für immer, für ewig.

Wenn wir meditieren, dann versuchen wir nicht, die Gegenwart geschehen zu lassen. Wir versuchen gar nicht, irgendwas geschehen zu lassen. Die Gegenwart ist. Wir versuchen nicht, Gott anzuflehen oder seine Macht oder seinen Geist. Gott ist. Es ist für uns extrem wichtig, zu wissen, dass wir bei der Meditation einfach offen für die Gegenwart sind, für das, was ist.

Die Frage, die sich dabei stellt, ist die: „Was ist?" Zu sagen, Gott ist, würde ausreichen. Aber die Macht der christlichen Offenbarung besteht aus der Proklamation, dass Gott ist; Gott ist nun, Gott ist hier, Gott ist immer, Gott ist in unseren Herzen, Gott ist Liebe. In der christlichen Sichtweise besteht die Weisheit darin, diese Wahrheit scharf im Blick zu haben, all dies mit äußerster Sicherheit zu wissen. Aus der Kraft dieser Wahrheit heraus zu leben, mit jedem bisschen unserer Energie, mit jedem bisschen unseres Seins. Sie besteht aus der Bereitschaft, durch diese Macht transformiert zu werden, aus uns selbst und über uns selbst hinausgehoben zu werden in das Herz des Mysteriums selbst. Die christliche Meditation ist ein Prozess, in dem wir uns selbst auf den Punkt des Nichts reduzieren, der der Wahrheit erlaubt, in uns einzutreten, ganz real für uns zu werden.

In dem Moment, in dem wir völlig gegenwärtig sind in dem Moment, in dem wir unser Mantra sagen, treten wir ein in das *ewige Jetzt* Gottes.

7.2 Lernen, zu sein

Meditation ist ein Seinszustand, in dem man nicht denkt, sich nichts vorstellt, man keine imaginären Gespräche mit jemandem führt. Man ist in perfektem Frieden, in perfekter Stille, in perfekter Ruhe. In der Stille der Meditation, wenn man über seine Gedanken und Vorstellungen hinausgeht, lernt man zu *sein*. Wir selbst zu sein, nicht so zu sein, als würden wir uns durch eine Tätigkeit definieren, egal, ob diese Tätigkeit eine Arbeit oder ein Gedankenprozess ist, sondern einfach zu *sein*. Die Person zu sein, die man ist, ohne zu versuchen, seine Existenz zu rechtfertigen oder zu entschuldigen. Nur zu *sein*, wie man ist.

Das Wunder ist, je einfacher man wird, desto mehr kann man das Geschenk seines Seins genießen. Man muss seine Gedanken loslassen, seine Ideen, Ambitionen und einfach *sein*.

Der Weg dahin ist, Ihr Wort zu sagen. Wenn all Ihre Aufmerksamkeit auf das Sprechen des Wortes gerichtet ist, werden Sie schrittweise (und Sie müssen geduldig sein) von den Gedanken, Worten, Ideen, Hoffnungen und Ängsten befreit. Es ist diese Befreiung von der Angst, der Schuld, dem Ehrgeiz, die es Ihnen erlaubt, zu sein, wer Sie sind, ohne sich selbst rechtfertigen zu müssen.

Jeden Morgen und jeden Abend geben Sie sich die Möglichkeit, zu sein, in äußerster Einfachheit zu sein, demütig zu sein. Fragen Sie sich nicht: „Was passiert nun mit mir?“ Analysieren Sie sich nicht: „Macht es mir Spaß? Bringt es mir irgendetwas?“ Während dieser Zeit des Seins lassen Sie Ihr selbstreflektierendes Ego völlig beiseite.

Wir überwinden alle Vorstellungen, alle Vorstellungen, die wir von uns selbst haben. Wir entledigen uns all unserer Masken. Wir legen sie auf den Boden neben uns und wir beginnen, die Person zu werden, die wir sind, in absoluter Einfachheit. Wir sagen unser Mantra nicht auf, um irgendwen zu beeindrucken. Wir sagen unser Mantra auf, um alle Vorstellungen, alle

Worte zurückzulassen, damit wir in äußerster Einfachheit sein können.

Wenn man meditiert, dann versucht man nicht, jemandem zu gefallen. Man versucht nicht, einer Rolle oder einem eigenen Bild zu entsprechen. Ja, wenn man meditiert, dann versucht man nicht nur, seinem eigenen Selbstbild oder dem Bild, das andere von einem haben, gerecht zu werden, sondern lässt sämtliche Bilder fallen. Man leert sich. Darum geht es bei der Meditation. Es ist der Prozess, sich aller Fantasie zu entleeren, aller Bilder, aller Unwirklichkeit. Das bringt Raum für Ihr wirkliches Ich, die reale Person, die Sie sind. So kann man die Meditation betrachten. Es ist eine Methode, Raum für sich selbst zu schaffen, damit man sein kann.

Das Mantra zu sagen ist ein Prozess der Freiheit. Sie befreien sich von den Bildern, der Fantasie, den Erinnerungen, die es Ihnen unmöglich machen, zu sein, wer Sie sind. Die christliche Betrachtung der Meditation besagt, der ganze Sinn dieses Prozesses sei, den Geist zu befreien, damit er offen sein kann für die Unendlichkeit. Der Sinn besteht darin, es dem Herzen und dem Geist, dem ganzen Sein, zu erlauben, sich über alle Grenzen des isolierten Selbst hinwegzusetzen und zu einer Einheit mit allem zu werden. Mit dem Alles, mit Gott.

7.3 Wünsche loslassen

Eine Sache, die wir in der Meditation lernen, ist, Wünsche loszulassen. Wir lernen es, weil wir wissen, dass wir aufgefordert sind, ganz im gegenwärtigen Augenblick zu leben. Wirklichkeit bedeutet, in Gott gegründet zu sein, dem Boden unseres Seins. Wünsche verlangen ständige Bewegung, ständiges Streben. Die Wirklichkeit verlangt Ruhe und Stille. Das ist die Verpflichtung, der wir uns beim Meditieren stellen.

Wie ein jeder von uns aus eigener Erfahrung weiß, lernen wir in der Stille und Ruhe, uns so zu akzeptieren, wie wir sind. Das hört sich für moderne Ohren seltsam an, vor allem für moderne Christen, die erzogen wurden, so vieles zu erstreben: „ Sollte ich nicht ehrgeizig sein? Wenn ich ein schlechter Mensch bin, sollte ich nicht wünschen, besser zu sein?“ Die wirkliche Tragödie unsere Zeit ist, dass wir von so vielen Wünschen erfüllt sind – Freude, Erfolg, Reichtum, Macht, was auch immer – sodass wir uns selbst immer vorstellen, wie wir sein *könnten*. Also erfahren wir uns kaum so, wie wir sind, und wir können kaum akzeptieren, wo wir stehen. Es mag schon sein, dass wir alle Sünder sind, und wenn es so ist, dann ist es wichtig, dass wir das wissen. Aber noch viel wichtiger für uns ist, aus unserer Erfahrung heraus zu wissen, dass Gott der Boden unseres Seins ist, und dass wir in ihm verwurzelt sind und in Gott begründet sind. Jeder von uns muss das selbst wissen, aus der eigenen Erfahrung, im eigenen Herzen. Das ist die Stütze, die wir alle brauchen, nicht das Streben und die Bewegungen der Wünsche, sondern die Stabilität und die Ruhe der Verwurzelung. Jeder von uns ist dazu aufgefordert, in der Meditation, in unserer Stille in Gott zu lernen, dass wir ihn ihm alles finden, was wir brauchen.

Beten hat sehr wenig damit zu tun, um dies oder jenes zu bitten. Beten ist viel einfacher als das. Es ist eins zu sein mit Gott. Warum ist das so schwierig? Ich denke, es ist so schwierig für uns als Männer und Frauen des 20. Jahrhunderts, weil wir in einer so materialistischen Gesellschaft leben, die alles im Sinne von besitzen und Besitz sieht. Selbst wenn wir zufällig etwas spiritueller in unserer Weltanschauung wären, könnten wir leicht zu spirituellen Materialisten werden. Anstatt Geld anzusammeln, versuchten wir Gnade oder Verdienst anzusammeln. Aber der Weg des Gebetes ist der Weg der Entsagung und der Enteignung. Das ist schwer für uns, denn man hat uns Erfolg gelehrt, die Bedeutung des Gewinnens, nicht des Verlierens. Aber Jesus sagt uns, dass wir unser Leben finden werden, wenn wir es verlieren. Wenn wir unser Mantra aufsagen, dann ist das genau die Antwort auf den Befehl Jesu: ganz zu seiner Verfügung zu stehen, ihm unsere ungeteilte Aufmerksamkeit zu schenken, ihm unser ungeteiltes Herz zu geben, im Zustand ungeteilten Bewusstseins zu sein – in anderen Worten mit ihm eins zu sein.

Wir könnten das Beten vielleicht als einen Zustand gehorsamer Liebe bezeichnen. Einen Zustand, in dem wir Gott ganz zur Verfügung stehen, nicht wünschen, nicht planen, sondern uns einfach in die Fülle seines Geschenks, unseres Lebens, begeben, der Fülle seines Geschenks unserer eigenen einzigartigen Schöpfung. Jeder von uns in diesem Raum ist für ein einzigartiges Schicksal geschaffen worden, eine einzigartige Erfüllung in Gott. Unsere einzige Aufgabe im Leben ist es, diesem Schicksal offen gegenüberzustehen. Unsere Aufgabe ist es, aus der göttlichen Energie heraus zu leben, im göttlichen Plan zu leben und unseren Teil darin voll und ganz zu erfüllen.

Meditation verlangt nach dem Loslassen der Wünsche und des Wünschens. Positiv ausgedrückt fordert es eine großzügige Offenheit für das, was Gott mit uns vorhat, für seinen Plan, seine Liebe zu uns. Das ist es, was Sie in der Meditation entdecken: seine Liebe zu uns.

Das Mantra ist wie die Nadel auf einem Kompass. Es führt Sie immer in die Richtung Ihres eigenen Schicksals. Es zeigt immer in die richtige Richtung, der Sie folgen müssen, weg vom Selbst, hin zu Gott. Welchen Weg Ihr Ego Sie auch gehen lassen möchte, der Kompass zeigt Ihnen immer den richtigen Weg. Das Mantra, wenn Sie es voller Großzügigkeit sprechen, voller Treue, voller Liebe, zeigt Ihnen immer die Richtung zu Gott.

7.4 Distanz

Eine der wichtigsten Lektionen, die uns die Meditation lehrt, ist die Distanz. Distanz bedeutet nicht Trennung von uns selbst oder uns von den eigenen Problemen des Lebens abzuwenden. Es ist keine Verneinung von Freundschaft oder Zuneigung, nicht einmal der Leidenschaft. Distanz ist im Wesentlichen die Distanzierung von der Beschäftigung mit uns selbst, von der Geisteshaltung, die *mich* in den Mittelpunkt der Schöpfung stellt.

Distanz hat mit Freundschaft zu tun, mit wahrer Bruder- und Schwesternschaft, mit wahrer Liebe. Wahre Freundschaft und wahre Liebe sind nur möglich, wenn wir uns von der Beschäftigung mit uns selbst, von der Selbst-Isolation, der Selbst-Betrachtung distanzieren. Distanz bedeutet frei davon zu sein, andere Menschen für sich selbst benutzen zu wollen. Aber vor allem ist die Distanz eine Befreiung von den Ängsten, die wir haben, wenn es um unser eigenes Überleben als ein Selbst geht.

Distanz ist ein Zustand, in den wir während unserer Meditation geraten, ein Zustand, in dem wir nicht von unseren Besitztümern besessen sind, in dem uns unser Wunsch, zu besitzen, zu kontrollieren, nicht dominiert – eine Geisteshaltung, ein Weg zu sein, der absolut notwendig ist, wenn wir beginnen zu lieben. Denn in dieser Form der Distanz versuchen wir nicht, den anderen zu besitzen oder zu kontrollieren. Wir versuchen nicht, den anderen an unsere Erwartungen anzupassen. Denn wir erlauben dem anderen, zu sein. Und wenn wir ihm erlauben, zu sein, dann kennen wir ihn so, wie er ist. Und ihn zu kennen heißt, ihn zu lieben. In der Meditation geben wir unseren Wunsch zu kontrollieren, zu besitzen, zu dominieren auf. Wir versuchen zu sein, wer wir sind. Wenn wir so sind, wie wir sind, dann sind wir offen für Gott, der ist. In dieser Offenheit werden wir mit Wundern, mit Macht, mit Energie erfüllt – der Energie, zu sein und in Liebe zu sein.

Diesen Zustand zu erlangen bedarf einer Menge Großzügigkeit; die Großzügigkeit, während der Meditation unsere Pläne fallen zu lassen, unsere Hoffnungen, unsere Ängste, damit wir distanziert genug sind, um immer wir selbst sein zu können. Distanziert genug, um über uns hinauszusehen, zu sehen, wer Gott ist. Und sehend in Liebe zu sein.

Der Weg zu dieser Distanz ist der Weg des Mantras. Es sind das Mantra und unser Vertrauen darauf, die uns von den Wurzeln unseres Egos lösen, welches uns immer wieder zum Verlangen zurückführt. In der Zeit Gottes wird die Wurzel gelöst, sodass sie herausgepflückt werden kann.

Von unseren Besitztümern distanziert zu sein heißt, von unserem Besitz befreit zu sein – sie zu besitzen, wenn es nötig ist, aber nicht von ihnen besessen zu sein. Auf vielerlei Arten ist es einfach, zu unseren materiellen Besitztümern Distanz zu wahren. Aber in der Meditation müssen wir eine forderndere Distanz lernen. Wir müssen lernen, uns nicht nur von unseren Gedanken zu distanzieren und unseren Gefühlen, sondern auch von unserem Selbst-Bewusstsein. Das scheint nicht nur für uns moderne Menschen unmöglich zu sein, es scheint fast ein Skandal zu sein, dass dies tatsächlich jemand ernsthaft vorhaben könnte. Aber das ist genau die Wahrheit. Es ist die Wahrheit, die Jesus verkündet, und die Wahrheit, die von den Heiligen und Weisen durch alle Zeiten hindurch gelebt wurde.

Lieben bedeutet im Wesentlichen, sich selbst in einer größeren Wirklichkeit des Anderen, der anderen und Gottes zu verlieren. Die Distanz von der Selbst-Zentriertheit befreit uns für die Liebe. Wir werden nicht länger bestimmt von der Jagd nach dem Überleben. Distanz verlangt Vertrauen: Vertrauen des Anderen, Vertrauen der anderen, Vertrauen in Gott. Es braucht die Bereitschaft, loszulassen, die Kontrolle aufzugeben und zu sein. Die Verpflichtung zur Meditation heißt, ausreichend distanziert zu sein von der selbst-bewussten Inanspruchnahme. Unsere Zeit der Meditation wird schrittweise einfacher, fröhlicher, zentrierter. In der Meditation versteht man, aus eigener Erfahrung, was es bedeutet zu sagen: „Gott ist Liebe."

Hören Sie die Worte Jesu:

> *Denn wer sein Leben retten will, wird es verlieren;*
> *wer aber sein Leben um meinetwillen verliert, wird*
> *es gewinnen.* Matthäus 16,25

Meditieren heißt, sich selbst zu verlieren, in Gott aufzugehen, völlig verloren zu sein in der großzügigen Unermesslichkeit, die wir Gott nennen.

7.5 Freiheit des Geistes

Eine Sache, von der ich vermute, dass jeder in seinem Leben danach sucht, ist die Entdeckung der wirklichen Freiheit des Geistes. Wir sind alle von so vielen Dingen genötigt – von Angst und dem Versuch, das Bild, das andere von uns haben, auch zu erfüllen. Ich denke, dass viele frustriert sind, weil sie nicht sie selbst sein können und nicht zu sich selbst Kontakt aufnehmen können.

Jesus kam, um genau das zu verkünden, genau diese Freiheit. Die Freiheit, wir selbst zu sein und die Freiheit, uns in ihm zu finden, durch ihn und mit ihm. Die Meditation ist der Weg zu dieser Freiheit. Es ist der Weg zu Ihrem eigenem Herzen. Es ist der Weg zur Tiefe Ihres eigenen Seins, wo Sie einfach sein können – ohne sich selbst zu rechfertigen, ohne sich für sich selbst zu entschuldigen, sondern sich einfach an dem Geschenk des eigenen Seins zu erfreuen.

Was ist diese Freiheit des Geistes? Ich denke, dass alle von uns tief im Inneren wissen, dass wir zu dieser Freiheit aufgerufen sind, dass wir diese Kapazität zur Freiheit besitzen. Wir alle wissen, dass wir unser Leben nicht in Fülle leben können, wenn wir ständig im Trivialen gefangen sind, wenn wir immer mit Dingen beschäftigt sind, die vergänglich sind. Wenn wir an die Freiheit denken, dann denken wir an die Freiheit, das zu tun, was wir wollen. Sicherlich ist das ein Bestandteil in jedem Leben. Aber die Freiheit des Geistes, von der das Neue Testament spricht, ist nicht das Freisein, etwas zu *tun*. Es ist vor allem die Freiheit, zu sein – zu sein, wer wir sind, eins zu sein, all unser Potenzial in einer tiefen persönlichen Harmonie verbunden zu sehen. Die Freiheit, von der das Neue Testament spricht, ist die Freiheit, in unsere eigene persönliche und einzigartige Beziehung mit dem Einen, der ist, mit Gott, einzutreten. Es ist die Freiheit, zu entdecken, dass diese einzigartige und persönliche Beziehung, zu der jeder von uns aufgefordert ist, die Beziehung mit dem Einen, unsere

Beziehung zu allem ist. Wir sind aufgerufen, in unserem Leben zu entdecken, was wir auch in unserer persönlichen Harmonie entdecken sollen, das einzigartige Geschenk unserer eigenen Schöpfung, und das Potenzial, das wir alle haben, einzutreten in die Harmonie mit dem Einen, mit allem. Und dazu muss jeder von uns sicherstellen, dass wir unser Leben nicht einfach so dahingleiten lassen.

7.6 Freiheit

Jeder möchte frei sein. Aber es gibt verschiedene Möglichkeiten, Freiheit zu verstehen. Am häufigsten verstehen die Menschen heute darunter die Freiheit, nicht von einem anderen Menschen oder einem anderen Land unterdrückt zu werden. Wir betrachten die Freiheit als unsere eigene Flucht vor der Unterdrückung. Jesus sagt uns allen, dass die Freiheit unser ist. Freiheit ist das wertvollste Geschenk, das jedem von uns gegeben wurde, aber nicht nur, um der Unterdrückung zu entgehen. Freiheit ist die Freiheit des Seins. Das vielleicht Wichtigste im Leben eines jeden von uns ist, dass wir frei sein sollten, wir selbst zu sein, dem Geschenk unserer Schöpfung zu antworten. In der christlichen Lehre ist jeder von uns aufgefordert, zu erfahren, was Paulus die „Freiheit der Kinder Gottes" nannte. Nicht Freiheit *von*, sondern Freiheit *für* – für das Leben, für Ihr eigenes Leben, für die Fülle Ihres Lebens und vor allem für das Leben in Christus.

Die Meditation ist ein einfacher Weg, in diese Freiheit einzutreten. Es ist die Freiheit, die jeder von uns finden kann, wenn wir nur die Disziplin aufbringen, uns auf die Reise zu machen.

Aber sobald wir das Wort Disziplin hören, denken wir: „Ist das nicht der Verlust der Freiheit?" Wir können nicht an die Meditation herangehen und sagen: „Okay, ich werde es versuchen, ich werde sehen, ob es etwas für mich ist. Wenn ja, dann bleibe ich dabei, wenn nein, dann höre ich auf und fange mit dem Joggen oder so an." Wir können nicht so mit der Meditation umgehen. Das ist die Herausforderung, die sich uns modernen Menschen stellt, weil wir nicht daran gewöhnt sind, irgendetwas zu tun, wofür man nichts erhält.

Freiheit ist nicht nur die Freiheit von Dingen. Die christliche Freiheit ist nicht nur frei sein von Begierde, von Sünde. Wir sind frei für eine innigliche Vereinigung mit Gott, was wiederum heißt, dass wir frei sind für eine unendliche Ausweitung des Geistes in Gott. Meditieren ist das Eintreten in diese

Erfahrung, frei für Gott zu sein, Begierde, Sünde und Ego zu transzendieren, es zurückzulassen, sodass die Gesamtheit unseres Seins völlig für Gott verfügbar ist. In dieser tiefgründigen Verfügbarkeit werden wir wir selbst.

Hören Sie die Worte Jesu:

> *Da sagte er zu den Juden, die an ihn glaubten: Wenn ihr in meinem Wort bleibt, seid ihr wirklich meine Jünger. Dann werdet ihr die Wahrheit erkennen und die Wahrheit wird euch befreien.*
> Johannes 8,31-32

Meditation ist einfach in der Offenbarung zu verweilen, inmitten der Vision Gottes zu verweilen.

7.7 In Liebe wachsen

Jeder, der an der Meditation festhält, entdeckt, dass es während der Zeit des Meditierens scheint, als würde nichts geschehen, und trotzdem verändert sich unser Leben nach und nach. Wir müssen geduldig sein, wir hätten vielleicht gern, dass es schneller ginge. Unsere Gedanken werden klarer, Beziehungen werden liebevoller. Das geschieht, weil wir im Prozess der Meditation von der Liebe befreit werden, um zu lieben. Der Grund dafür ist recht einfach. Wenn wir meditieren, dann rücken wir nicht nur von individuellen Handlungen unseres Seins ab, sondern wir beginnen auch zu lernen, einen völlig neuen Untergrund zu finden, auf dem wir stehen können. Wir entdecken einen Verwurzelung des Seins. Die Verwurzelung ist nicht nur in uns selbst, sondern wir entdecken unsere Verwurzelung in Gott. Verwurzelt in Gott, der Liebe ist.

Der Friede, die Stille und die Harmonie, die wir in der Meditation erleben, wird die Basis all unserer Handlungen. All unsere Urteile sind nun erhellt, inspiriert von der Liebe, weil wir wissen, dass diese Liebe der wahre Boden unseres Seins ist. All das geschieht, weil wir lernen mutig zu sein, weil wir lernen, die Aufmerksamkeit von uns wegzulenken. Wir lernen, nicht mehr über uns nachzudenken. Wir erlauben es uns, zu *sein* – still zu sein, ruhig zu sein. Und in dieser Stille und Ruhe finden wir uns in Gott, in Liebe.

Sie werden finden, dass die Erfahrung sich von selbst als echt erweist. Sie werden es sehen: Je mehr Sie meditieren, je mehr scheint Ihr Tag an Form zu gewinnen, desto mehr Sinn finden Sie ihn Ihrem Leben. Und je mehr Bedeutung Sie in allem sehen, desto mehr Liebe wird in Ihrem Herzen wachsen. Es kann sein, dass es da immer noch eine Menge Böswilligkeit gibt, aber die Liebe wird wachsen. Das ist die wahre Probe der Meditation. Aber man kann nicht irgendeinen materialistischen Test auf die Meditation anwenden, wie: „Bekomme ich fantastische Visionen, wenn ich meditiere?“ Die wirkliche Probe ist die Liebe, die in Ihrem Herzen wächst.

Vor einigen Jahren kam ein Mann zu unserer Montagabendgruppe. Jeden Montagabend stellte er die gleiche Frage: „Wie lange muss ich das mitmachen? Ich habe seit drei, vier Monaten jeden Morgen und jeden Abend meditiert, und absolut gar nichts geschieht. Es ist für Sie alle prima, hier zu sitzen und zu sagen, dass ich nichts erwarten sollte, dass ich die Disziplin akzeptieren muss, dass ich Vertrauen haben muss. Aber, mein Gott, irgendwann muss doch mal was passieren."

Nun, das ging so weiter, bis er eines abends nicht da war. Als jeder nach Hause ging, etwa um 21:30 Uhr, tauchte er auf. Ich konnte sehen, dass etwas mit ihm geschehen war. Sein ganzes Gesicht strahlte. „Etwas ganz Außergewöhnliches ist passiert", sagt er. „Als ich an der Ecke unten am Berg abbog, um hierher zu kommen, da stieß ein Kind sein Fahrrad direkt vor mein Auto. Ich konnte sehen, dass es dies absichtlich machte. Ich stieß leicht dagegen und hielt an. Sofort umringten drei Jungs mein Auto und verlangten: ‚Sie müssen mir Schadenersatz zahlen, Sie haben mein Fahrrad demoliert.' Ich war erstaunt, wie ruhig ich war. Ich antwortete: ‚Lasst uns das Fahrrad ins Auto hieven und dann fahren wir eben zur Polizei.' Es war nicht ganz einfach, die Kinder zu überzeugen, aber dann stiegen sie doch ein." Er sagte, er sei währenddessen die ganze Zeit über erstaunt gewesen, wie ruhig er dabei war. Er sagte zu mir: „Nun, wissen Sie, ich denke nicht, dass irgendwann mal etwas während meiner Meditation geschehen wird, aber ich sehe, dass es mein Leben verändert."

Das ist die Erfahrung, die ein jeder von uns, der meditiert, macht. Der große Test, ob die Meditation funktioniert oder ob man Fortschritte macht (ich empfehle nicht, sich selbst zu bewerten), ist: Wächst Ihre Liebe? Wächst Ihre Geduld? Wachsen Ihr Verständnis und Mitgefühl? Das sind die Effekte unserer Meditation. Bei manchen dauert es länger. Manchmal werden wir mehr oder weniger strampelnd und schreiend ins Königreich des Himmels getragen. Aber es ist wichtig, sich nicht darum zu sorgen, wie lange es dauert. Es ist egal, wie lange es dauert. Das Einzige, was zählt, ist – und wovon ich hoffe, dass ich es hier heute Abend jedem vermitteln kann -, auf der Reise zu sein. Die Reise ist eine Reise weg vom Selbst, weg vom Egoismus, weg von der Selbstsüchtigkeit, weg von der Isolation. Es ist eine Reise in die unendliche Liebe Gottes.

7.8 In Gott verwurzelt sein

Es gibt alle möglichen extravaganten Behauptungen über die Vorteile des Meditierens. Es wird gesagt, dass die Meditation hilft, besser mit dem Chef klarzukommen, wenn man in einem großen Unternehmen arbeitet. Oder, wenn Sie selbst der Boss sind, dann hilft es Ihnen dabei, besser mit der Sekretärin klarzukommen. All diese Behauptungen rühren daher, dass wir in unserer Gesellschaft so materialistisch veranlagt sind, dass es schwer für uns ist, zu realisieren, dass es im Leben etwas gibt, das um seiner selbst willen wertvoll ist, ohne irgendeine Belohnung.

Die Meditation ist deshalb so wichtig für uns, weil sie uns hilft, unser Leben als einen Prozess des Wachsens zu leben, als eine stetig tiefer gehende Reifung. Nichts ist trauriger, so denke ich, als eine Person, die ihr Leben lebt und irgendwie niemals erwachsen wird, niemals aus ihren Erfahrungen profitiert.

Die Meditation ist wichtig, weil sie uns zu dem ersten Schritt allen Wachsens führt, zur Verwurzelung. Wenn man jeden Morgen und jeden Abend meditiert, dann begibt man sich auf diesen Weg der Verwurzelung, man wird in seinem tiefsten, innersten Zentrum verwurzelt. In unserer Gesellschaft bekommt man alle Arten von Hilfe, um intellektuell zu wachsen. Aber es gibt nicht viel Hilfe, um spirituell zu wachsen, mit seinem innersten persönlichen Zentrum in Kontakt zu treten und anzufangen, sein Leben aus diesem Zentrum heraus zu leben; nicht von jedem Windstoß umgeblasen zu werden, der einen an der Oberfläche trifft, sondern in sich selbst verwurzelt zu sein.

Meditation ist ein Prozess des Wachsens, des Wachstums zu spirituellem Bewusstsein. Wie alle Wachstumsprozesse, hat es sein eigenes Tempo, seinen eigenen Rhythmus. Es ist ein organischer Prozess. Sie müssen das Mantra in Ihrem Herzen verwurzeln. Wie Sie wissen, hat Jesus oft vom Wort des

Evangeliums gesprochen, das in den Herzen der Männer und Frauen Wurzeln schlägt. Er sagt uns, es muss auf guten Boden fallen. Mit anderen Worten: Ihr ganzes Seins muss in diesen Prozess eingebunden sein. Sie lassen das Mantra erklingen. Und mit Ihrer Zuversicht, jeden Tag dahin zurückzukehren, verwurzeln Sie es in Ihrem Herzen. Wenn es einmal Wurzeln geschlagen hat, dann gedeiht es, blüht es auf. Die Blüte der Meditation ist Friede, ein tiefgründiger Friede. Es ist ein Friede, der aus Harmonie emporsteigt, aus der dynamischen Harmonie, die Sie erleben, wenn Sie in Kontakt mit dem Boden Ihres Seins treten. Sie entdecken, dass das Mantra in Ihrem Herzen, im Zentrum Ihres Seins verwurzelt ist, und Ihr Sein ist verwurzelt in Gott, dem Zentrum allen Seins. Sie finden sich in Gott. Sich in Gott findend, verstehen Sie, dass das Leben ein Geschenk ist, das Sie Gott zurückgeben. Das Geschenk, das ein endliches Geschenk war, als es Ihnen gegeben wurde, wird durch die Zurückgabe zu einem unendlichen Geschenk.

7.9 Persönliche Harmonie

Wenn wir unsere Harmonie und Ganzheit entdecken wollen, was bedeutet, sich selbst zu finden, können wir uns nicht nur auf einen begrenzten Teil unseres Lebens konzentrieren.

Mit persönlicher Harmonie meine ich die Integration, die perfekte Kooperation von Geist und Herz, Köper und Seele. Ich bin eine ganze Person und ich erwidere gänzlich. Wir wissen, dass wir diese ganze Person sind, diese Harmonie, und doch wissen wir es nicht, weil dieses Wissen uns noch nicht ganz bewusst geworden ist. Vielleicht kann man sagen, dass diese bewusste Harmonie, die in perfekter Freude und Freiheit in der Mitte unseres Seins lebt, sich noch nicht ganz in unserem Sein ausgeweitet und ausgestreckt hat.

Um dies möglich zu machen, müssen wir einfach die Hindernisse unserer engen, selbst-bewussten Gedanken, selbstbezogenen Sprache aus dem Weg räumen. Mit anderen Worten: Wir müssen ruhig werden. Wenn der Mensch sich wirklich als Körper-Seele-Geist verstehen würde, als Harmonie dieser drei, dann wäre er dabei, sich dieses Wissen in seinem ganzen Sein völlig bewusst zu machen.

Wir sind nicht nur ein Extrem von Körper und ein Extrem von Geist, die nebeneinander existieren. Wir haben in unserem Sein, im Zentrum unseres Seins, das Prinzip der Einheit: unseren Geist, der das Bild Gottes in uns ist.

Hören Sie den Autoren von *The Cloud of Unknowing* im 14. Jahrhunderts:

> *Ich sage Ihnen die Wahrheit, wenn ich sage, dass diese Aufgabe [der Meditation] große Gelassenheit verlangt, eine vereinte und reine Verfassung von Seele und Geist ... Gott verbiete, dass ich trenne, was Gott zusammengeführt hat: den Körper und den Geist.* ch 41,48

Der Weg, um sich dieser essenziellen Harmonie unseres Seins wirklich voll bewusst zu werden, führt über die Stille. Und zu meditieren heißt still zu sein. Die Harmonie unseres Wesentlichen, unseres Zentrums, blüht und verteilt sich auf jeden Teil unseres Körpers und auf jedes Molekül unseres Lebens. In *The Cloud of Unknowing* wird dies sehr charmant erklärt:

> *Wenn die Gnade einen Menschen zur Kontemplation verlockt, dann scheint es ihn sogar körperlich zu verändern, sodass er – mag er auch von Natur aus hässlich sein – nun ganz verändert und liebenswürdig erscheint.* ch 54

Die Ausbreitung unserer wesentlichen Harmonie in unserem ganzen Sein ist das Gleiche wie das Gebet des Geistes Jesu, das in unseren Herzen lebt, unsere Herzen durchflutet und durch uns hinausfließt. Das ist das erstaunliche Geschenk, das uns von Jesus gegeben wurde, als er uns seinen Geist schickte. „Oder wisst ihr nicht“, schreibt Paulus an die Korinther, „dass euer Leib ein Tempel des Heiligen Geistes ist, der in euch wohnt und den ihr von Gott habt?“ (1. Korinther 6,19) Aber er zwingt es uns nicht auf. Es ist an uns, es zu verstehen und zu akzeptieren. Das tun wir nicht, indem wir schlau oder selbstanalytisch sind, sondern indem wir still sind, einfach sind. Das Geschenk ist schon gegeben. Wir müssen nur unsere Herzen dieser unendlichen Großzügigkeit öffnen. Das Mantra öffnet unser Herz in reiner Einfachheit.

7.10 Reife Beziehungen

Die Meditation ist ein Weg, um menschliche Beziehungen reifen zu lassen.

Wir betrachten das Gebet als eine individuelle Aktivität und unsere Verbindung mit der Gemeinschaft als etwas anderes. Aber im Neuen Testament gibt es nur eine zentrale, verbindende Realität. Das ist die Realität der Liebe: der Liebe Gottes, der Liebe des Nächsten, der Liebe von uns selbst. Jesus ist die Offenbarung Gottes. Im Neuen Testament ist die Liebe Gottes, sichtbar gemacht in der Welt. Seine Vorstellung ist eine Vorstellung von einer Gemeinschaft der Brüder. Das Christentum ist in der Vorstellung Jesu eine Kameradschaft von Brüdern und Schwestern, die zusammen auf die gleiche Wirklichkeit antworten, die über ihnen steht und sie doch umfasst und sie ständig erweitert.

In der Meditation trachten wir danach, zu *sein*, zu sein, wer wir sind, und in die Gegenwart Gottes zu gelangen, der ist, wie er ist. Vor allem wissen wir, dass wir in unserem Gebet nicht versuchen, Gott zu besitzen oder ihn zu ändern. Wir versuchen, mit ihm eins zu sein, so wie er ist.

Es gibt dem Gebet eine neue und wunderbare Dimension, wenn wir Brüder finden können, mit denen wir diese Erfahrung teilen können. Wenn wir unsere Meditation teilen, dann akzeptieren wir einfach einander so, wie wir sind. Wir versuchen nicht, einander zu besitzen oder einander zu ändern. Jeder von uns versucht, zu *sein*, bis zum äußersten unserer Möglichkeiten. Was wir von den Worten Jesu und aus unserer Erfahrung, ihn in unseren Herzen zu haben, wissen, ist Folgendes: In der christlichen Vision zu *sein* bedeutet, *mit* zu sein und *für* zu sein. Das Wunderbare an der Gemeinschaft, die für diejenigen geschaffen wurde, die zusammen beten, ist, dass wir Leute finden, *mit* denen wir sein können, und Leute die *für* uns sind.

Die Meditation ist also ein Weg zu reifen menschlichen Beziehungen, Beziehungen, die es uns ermöglichen, uns wirklich am Sein des anderen zu erfreuen, ohne zu wünschen, ihn zu besitzen oder zu kontrollieren, sondern einfach den anderen so zu kennen, wie er oder sie ist, und an diesem Wissen Freude zu haben. Und genauso ist es mit Gott. Wir wollen ihn nicht belästigen, mit Worten bombardieren, verlangen, von uns Notiz zu nehmen und nicht verlangen, dass er sich uns zu unseren Bedingungen offenbart. In der Einfachheit unserer Meditation, in der Einfachheit unserer bescheidenen Wiederholung des Mantras versuchen wir nur bei ihm zu sein, für ihn zu sein, uns daran zu erfreuen, bei ihm zu sein, und immer tiefer eins mit ihm zu sein.

Auf der Reise der Meditation, wenn wir unser Mantra aufsagen und unsere Gedanken, Pläne, Ideen und Vorstellungen loslassen, lernen wir den Wert des Verzichts kennen, des Nicht-Besitzens. Wir lassen unser Selbstbild los, wir lassen unsere eigenen Wünsche los, wir lassen unsere Ängste und unser Selbst-Bewusstsein los. Der Verzicht macht es möglich, in die Gemeinschaft mit dem Anderen und den anderen einzutreten, und zwar tief in der Wirklichkeit.

Die Einsamkeit unserer Meditation ist der Grundstein, auf dem wir alle Gemeinschaft bauen, wahre Gemeinschaft mit uns selbst, mit anderen und mit Gott. In der Stille unseres Herzens betreten wir die tiefe Harmonie, die uns unsere Einheit mit allem offenbart.

Paulus schreibt an die Kolosser:

> *Darum bekleidet euch mit aufrichtigem Erbarmen, mit Güte, Demut, Milde, Geduld! Ertragt euch gegenseitig und vergebt einander, wenn einer dem anderen etwas vorzuwerfen hat. Wie der Herr euch vergeben hat, so vergebt auch ihr! Vor allem aber liebt einander, denn die Liebe ist das Band, das alles zusammenhält und vollkommen macht.*

In eurem Herzen herrsche der Friede Christi; dazu seid ihr berufen als Glieder des einen Leibes.
Kolosser 3,12-15

7.11 Christliche Gemeinschaft

Unsere christlichen Gemeinschaften existieren nicht für sich selbst, sondern für andere und letztlich für den Anderen. Unsere wahre Bedeutung liegt darin, für andere zu existieren.

Die Kirche existiert nicht, um sich selbst zu verewigen, sich selbst gegen Verletzungen zu schützen, die eigene Sicherheit zu vergrößern. Sie existiert, um andere in die Gewissheit der erlösenden Liebe Gottes in Jesus zu führen.

> *Ihr seid das Licht der Welt … Man zündet auch nicht ein Licht an und stülpt ein Gefäß darüber, sondern man stellt es auf den Leuchter; dann leuchtet es allen im Haus. So soll euer Licht vor den Menschen leuchten, damit sie eure guten Werke sehen und euren Vater im Himmel preisen.* Matthäus 5,14-16

Es gibt dazu nur einen Weg, und das ist der Weg des Gebetes. In unserem Gebet müssen wir entdecken, dass wir selbst für den Anderen existieren, denn im Gebet erfahren wir, dass wir von ihm geschaffen und erhalten werden.

In unserem Gebet lassen wir Gott sein; wir erfreuen uns daran, dass er ist, wie er ist. Wir versuchen nicht, ihn zu manipulieren, auf ihn einzureden oder ihm zu schmeicheln. Wir vertreiben ihn nicht durch unsere klugen Worten und Formeln. Stattdessen verehren wir ihn, das heißt, wir erkennen seinen Wert und seine Bedeutung an. Dabei entdecken wir, dass wir nach seinem Bild geschaffen, als Kinder Gottes an seinem Wert und seiner Bedeutung teilhaben.

Aber es ist auch etwas in uns, dass uns dazu anstiftet, den anderen zu kontrollieren. Das Verbrechen des Götzendienstes besteht genau genommen darin, uns einen eigenen Gott zu schaffen, nach unserem eigenen Bild. Anstatt Gott in seiner erstaunlichen Andersartigkeit zu begegnen, konstruieren wir ein Spielzeugmodell von ihm nach unserem eigenen psychologischen und emotionalen Vorbild. Damit verletzen wir ihn natürlich nicht, denn die Unwirklichkeit hat keinerlei Macht über Gott. Aber wir entwürdigen und verschwenden uns selbst, wir geben das Potenzial und die göttliche Ehre unserer Menschlichkeit auf für den falschen Glanz des Goldenen Kalbs.

Die Wahrheit ist so viel aufregender, so viel wunderbarer. Gott ist keine Reflexion unseres Bewusstseins, sondern wir sind seine Reflexion und sein Bild durch unsere Verbindung mit Jesus, Gottes Sohn, unserem Bruder.

Unser Weg zur Erfahrung dieser Wahrheit liegt in der Stille der Meditation. Diese Stille hat die Macht, diese Wahrheit hervorkommen zu lassen, an die Oberfläche kommen zu lassen, sichtbar zu werden. Wir wissen, dass sie größer ist als wir selbst, und vielleicht finden wir in uns eine unerwartete Demut, die uns zur wahren aufmerksamen Stille bringt. Wir lassen die Wahrheit sein.

So wie wir Gott nicht auf unsere Größe verkleinern können, ihm unsere Identität nicht aufdrücken können, so können wir das auch nicht mit anderen Menschen tun. In der Meditation entwickeln wir unsere Kapazität, unser ganzes Sein auf den Anderen auszurichten. Wir lernen, unseren Nächsten sein zu lassen, so wie wir Gott sein lassen. Wir lernen, unseren Nächsten nicht zu manipulieren, sondern ihn vielmehr zu ehren, seine Wichtigkeit zu ehren, das Wunder seines Seins. Mit anderen Worten: Wir lernen, ihn zu lieben.

Deshalb ist die Meditation eine wunderbare Schule der Gemeinschaft. Durch eine gemeinsame Ernsthaftigkeit und Beharrlichkeit im Gebet realisieren wir die wahre Ehre der christlichen Gemeinschaft als eine Brüderlichkeit der Gesalbten, die zusammenleben in tiefstem und liebendem Respekt füreinander.

Die christliche Gemeinschaft ist im Wesentlichen die Erfahrung, von anderen verehrt zu werden, und wir wiederum verehren sie. In den anderen erkenne ich denselben Geist, der in meinem Herzen lebt, den Geist, der mein wahres Selbst ausmacht. Im Erkennen der anderen Person, ein Erkennen, das unseren Geist erneuert und unser Bewusstsein erweitert, wird die andere Person wirklich so, wie sie ist, in ihrem wahren Selbst, keine manipulierte Ausweitung meiner Selbst. Sie bewegt sich und handelt aus ihrer eigenen integralen Wirklichkeit heraus und nicht länger als ein Bildnis dessen, was meine Vorstellung geschaffen hat. Selbst wenn unsere Ideen und Prinzipien miteinander kollidieren, bleiben wir vereint durch unser gegenseitiges Erkennen der unendlichen Liebenswürdigkeit, Wichtigkeit und der unerlässlichen einzigartigen Wirklichkeit des anderen.

Wahre Gemeinschaft geschieht dadurch, dass man einander in das Licht des wahren Seins zieht. Während dieses Prozesses erfahren wir die Freude des Lebens, die Freude des *Seins*, während wir mehr und mehr seiner Fülle im liebenden Vertrauen, das wir mit anderen teilen, entdecken. Das Wesentliche der Gemeinschaft ist ein Erkennen des anderen und eine tiefe Verehrung für den anderen.

Unsere Meditation beteiligt sich daran, denn durch sie wenden wir uns ganz dem Anderen zu, welcher der Geist in unseren Herzen ist. Unsere Aufmerksamkeit ist so auf den anderen gerichtet, dass wir selbst nichts sagen, sondern warten, dass der andere spricht. Das Mantra führt uns in ein tieferes Bewusstsein der Stille, die in uns regiert und uns dann unterstützt, während wir warten.

7.12 Aufgehen im Anderen

Für Paulus ist das Herzstück des christlichen Mysteriums die Gegenwart der göttlichen Energie in unserer gewöhnlichen Welt. Das ist das Mysterium, das im Zentrum von allem verborgen liegt. Die christliche Offenbarung bedeutet, dass diese Energie, die grundlegende Energie allen Lebens, Liebe ist.

Bei der Taufe werden wir in eine Gemeinschaft der Liebe aufgenommen. Die grundlegende Einheit dieser Gemeinschaft der Liebe ist die Familie, denn dort machen wir alle unsere ersten Erfahrungen der ganzen Wärme menschlicher Liebe und Fürsorge. Es ist dort, wo wir die ersten grundlegenden Erfahrungen machen, die es uns später ermöglichen, die genaue Bedeutung dessen zu verstehen, wenn es heißt: „Gott ist die Liebe." (1. Johannes 4,8)

Es ist die Macht der Liebe, die uns im Zentrum unseres ganzen Seins informiert und transformiert. Die Liebe wächst und entwickelt sich im menschlichen Herzen, „denn die Liebe Gottes ist ausgegossen in unsere Herzen durch den Heiligen Geist, der uns gegeben ist" (Römer 5,5), weil wir alle im heiligen, Mensch gewordenen, menschlichen Herzen Jesu geliebt werden.

Der einzelne Mensch wird nicht zu der Person, die er aufgerufen ist, zu sein, außer durch eine liebevolle Beziehung. Und zu lieben heißt aufzugehen im Anderen. Paulus platziert das Christentum genau ins Zentrum der Lebenserfahrung der meisten Menschen, in der Ehe.

Wie genau verkörpert die Ehe das christliche Mysterium der Liebe? Und warum ist unsere erste Erfahrung des Lebens in der Familie so wichtig? Die Antwort auf beide Fragen ist die Fremd-Zentrierung. Zu lieben heißt, im Anderen aufzugehen. Die Vision der Liebe, die Jesus gepredigt hat, ist die Vision der Transzendenz, also über uns hinausgehoben zu werden durch den Sohn im Geiste zum Vater. In den Predigten Jesu wird immer deutlich, dass sein Bewusstseinszentrum im Vater ist, und daher rühren seine Autorität, seine Macht und seine eindrucksvolle Bedeutung für die Menschheit. Seine Fremd-Zentrierung schließt uns mit ein und fordert uns heraus, weil er auch in uns zentriert ist, da sein Sein im Vater zentriert ist.

Johannes schreibt: „Wie mich der Vater geliebt hat, so habe auch ich euch geliebt. Bleibt in meiner Liebe! Wenn ihr meine Gebote haltet, werdet ihr in meiner Liebe bleiben, so wie ich die Gebote meines Vaters gehalten habe und in seiner Liebe bleibe." (Johannes 15,9-10)

Sein Gebot ist, einander zu lieben.

Seine Liebe zum Vater und die Liebe des Vaters zu ihm ist inniglich verbunden mit der Liebe eines verheirateten Paares und ihren Kindern. Die gemeinsame Bewegung in beiden Fällen ist die Bewegung weg vom Selbst hin zum Anderen. Zu lieben heißt, im Anderen aufzugehen.

Die Fremd-Zentriertheit der Liebe, eine Liebe, die uns in Christus transformiert, wird eine große Herausforderung für unsere Selbst-Zentriertheit, den Egoismus, darstellen. Daher drängt Paulus: „Hört nicht auf, zu beten und zu flehen!" (Epheser 6,18) Ein Beten, das in der Macht des Geistes verwurzelt ist.

Ehe und Gebet sind in Paulus' Vision des christlichen Lebens eng miteinander verbunden. Ihre gemeinsame Dynamik ist die Verbindung der Fremd-Zentriertheit zur Einheit, zwei voneinander abhängige Aspekte der Liebe. Die Vereinigung kommt ganz von selbst, weil wir einander suchen, den anderen lieben, so sagt uns Paulus. Und das Ergebnis dessen ist etwas viel größeres, als die bloße Individualität: „ ... und die zwei werden ein Fleisch sein" (Epheser 5,31). Und Paulus schreibt auch: „Ein Leib und ein Geist", und wir sind „als Glieder miteinander verbunden" (Epheser 4,4 und 4,25).

Denken Sie darüber nach, was Paulus als das Ergebnis der Vereinigung versteht. Seine Vereinigung mit Christus lässt ihn schreiben: „Nicht mehr ich lebe, sondern Christus lebt in mir." (Galater 2,20). Diese Erfahrung liegt all seinen Schriften zugrunde und basiert eindeutig auf den Worten Jesu, auf denen das gesamte christliche Evangelium basiert: „Wer mein Jünger sein will, der verleugne sich selbst" (Markus 8,34) und „wer das Leben gewinnen will, wird es verlieren; wer aber das Leben um meinetwillen verliert, wird es gewinnen" (Matthäus 10,39).

In der Ehe und im Gebet ist man zur völligen Selbstheit aufgerufen, indem man sein Selbst im Anderen verliert. Im Gebet, wie in der Ehe, muss die Selbsthingabe ganz und gar sein, denn die Auslieferung, die gefordert wird, geschieht an eine Wirklichkeit, die über uns hinausgeht und größer ist als wir. Beides, Gebet und Ehe, sind Leben schöpfend, wegen der Großzügigkeit und dem Glauben, die es uns ermöglichen, unsere Leben in Liebe zu opfern.

Die Fülle dieser Erfahrung der Liebe ist uns nur in der Stille möglich. Eine liebende Ehe offenbart sich oft durch die Fähigkeit des Paares, in zuversichtlicher und positiver Stille miteinander zu verbleiben. Auch im Gebet ist es die Stille der Liebe, die uns in das Mysterium Christi führt, wenn wir mit dem Anderen in der tiefen Stille der liebenden Akzeptanz verweilen.

7.13 Sinn, Bedeutung und Zweck

Wir alle wissen, dass wir kein erfülltes Leben führen können, wenn unser Leben nicht fest begründet ist auf einem darunter liegenden Zweck, bis wir also wissen, dass ein jeder von uns eine letztendliche Bedeutung hat. Diese letztendliche Bedeutung können wir nur entdecken, wenn wir unsere wesentliche Verwurzelung finden, unsere Verwurzelung in Gott.

Es ist, als würden wir durch unser Leben hindurch eilen, und in unseren Herzen brennt die Flamme einer Kerze. Weil wir uns so schnell bewegen, ist die innere Flamme immer kurz davor, auszugehen. Aber wenn wir uns hinsetzen, um zu meditieren, wenn wir ruhig werden, wenn wir nicht an Erfolge oder Selbst-Bedeutung denken, wenn wir nur still in der Gegenwart des Einen, der *ist*, dasitzen, dann brennt die Flamme leuchtend hell. Wir beginnen, uns selbst und andere im Sinne von Licht, Wärme und Liebe zu verstehen.

Wir müssen zu dem Punkt gelangen, an dem wir lernen können, still zu sein. Deshalb sagen wir unser Wort, unser Mantra. Das Aufsagen des Mantras führt uns in die Stille, wo die Flamme des Seins leuchtend brennen kann.

Es ist so einfach, unser Leben zur reinen Routine werden zu lassen. Es ist so einfach für uns, nur eine Rolle zu spielen, sei es als Student, Mutter, Ehemann, Manager, Mönch und so weiter. Aber Jesus ist gekommen, um uns zu sagen, dass es im Leben nicht darum geht, Rollen zu spielen oder in einem System zu funktionieren. Im Leben geht es um Sinn, Bedeutung, Wert und Wichtigkeit. Die Botschaft Jesu an einen jeden von uns besagt, dass ein jeder von uns eine persönliche Bedeutung, Sinn, Wert und Wichtigkeit besitzt. Der Wert, den jeder von uns hat, entspringt aus dem, wer wir sind, in uns selbst. Er entspringt nicht daher, was jemand oder die Gesellschaft sagt, wer wir sind.

Die Botschaft Jesu an jeden von uns lautet, dass wir die fundamentale und grundlegende Wahrheit über uns selbst entdecken müssen. Wir müssen unsere Verwurzelung in Gott erkennen. Wir müssen für die Liebe offen sein, die uns erlöst. Wir müssen aus unserer eigenen unendlichen Heiligkeit heraus leben; jeder von uns ist ein Tempel des Heiligen Geistes. Der Geist dessen, der das Universum geschaffen hat, wohnt in unseren Herzen, und in der Stille ist Liebe für alles und jeden. Das müssen wir entdecken. Und wir müssen es für uns selbst entdecken und dann danach leben.

In der Gesellschaft, in der wir leben, müssen wir radikale Schritte machen. Wir leben in einer Gesellschaft, die den immensen Wert der spirituellen Praxis oder der spirituellen Realität nicht anerkennt.

Die Meditation ist ein Weg, der es uns jeden Tag ermöglicht, unser Leben in der göttlichen Realität Gottes zu verwurzeln. Es ist ein positiver Weg. Es ist kein Weg, auf dem wir die Welt verleugnen oder irgendwelche falschen Oppositionen zur Welt aufbauen. Wir wünschen unser Leben erfüllt in der Welt zu leben. Das können wir nur, wenn wir die Zuversicht haben, die aus der Verwurzelung in Gott kommt.

Das Meditieren zu erlernen ist ziemlich anspruchsvoll. Es heißt, dass man Zeit opfern muss für den wichtigsten Aspekt im Leben. Der wichtigste Aspekt im Leben ist, dass Gott ist, und dass sein Geist in unseren Herzen wohnt. Wir müssen unseren Tag aus der Macht heraus beginnen, die Gottes Gegenwart in uns ist. Wir müssen unseren Tag beenden, indem wir zum Mysterium seiner Gegenwart, seiner Liebe, zurückkehren.

Die Meditation ist ein Weg, der jeden Teil unseres Seins, unseres Lebens, unserer Erfahrung in Harmonie bringt. Meditation ist ein Weg, fern ab von Teilung, einer Teilung, die wir so oft in uns selbst erfahren. Es ist der Weg über die Trennung hinweg, welche uns von Gott trennt. Es ist der Weg zu tiefem Friede und zu Freude.

7.14 Stabilität

Wir leben in einer Welt, die viel von uns verlangt. In jeder Gesellschaft fordern Stress und Anspannung heutzutage ihren Tribut von den nervlichen Vorräten so vieler Menschen.

Eine der Qualitäten, die wir als Mönche leben wollen, ist diejenige, die der Heilige Benedikt „Stabilität" nennt. In den Vorschriften nennt Benedikt diese Stabilität eines der obersten Ziele im Leben eines Menschen, der sein Christsein ganz leben möchte. Um stabil zu sein, müssen wir uns selbst sicher sein. Wir müssen sicher sein, dass wir auf festem Boden stehen. Wir müssen sicher sein, dass wir nicht vom ersten Windstoß weggeblasen werden.

Meditation ist ein Weg hin zu dieser Stabilität, einer Stabilität, die die Wirklichkeit unseres eigenen Seins ist. Jeder von braucht eine feste Verankerung in der eigenen Wirklichkeit.

Wenn man das Mantra sagt, dann ist es, als würde man den Anker werfen, als würde man sich selbst in den Tiefen des eigenen Seins verankern. Wir müssen unter die Oberfläche, in die Tiefe unseres Seins gelangen. Für viele von uns ist das eine ungewöhnliche Erfahrung. Wir sind so damit beschäftigt, mit all dem umzugehen, was an der Oberfläche geschieht, dass wir nicht die Zeit haben, die oberflächlichen Dinge sein zu lassen und in die Tiefe zu gehen. Wenn wir einmal den Boden unseres Seins berühren, entdecken wir etwas ganz Außergewöhnliches. Endgültige Verwurzelung, wahre Stabilität für jeden von uns kann nur auftreten, wenn wir fest in Gott verankert sind. Die besondere Entdeckung, die es für uns alle zu machen gilt, ist, dass sobald wir uns in uns selbst verankert haben, wir in Gott verankert sind. Das ist so eine besondere Entdeckung, weil wir gleichzeitig unsere eigene Zerbrechlichkeit entdecken. Wir können so leicht von den Stürmen des Lebens hin und her gerissen werden. Aber wir machen auch die Entdeckung unseres eigenen besonderen Potenzials, nämlich eins zu werden mit der Energie Gottes, und mit dieser Energie und seiner Macht unsere Leben auszuweiten, uns selbst, in die Großzügigkeit, in die Liebe und in das Leben, in das ewige Leben, was sozusagen ein grenzenloses Leben ist.

Wir müssen in Gott verankert sein. Wir müssen bei ihm in seiner Gegenwart sein. Um zu dieser Gegenwart zu kommen, müssen wir erst völlig in uns gegenwärtig sein. Dort fangen wir an. Wenn wir lernen, für uns gegenwärtig zu sein, wenn wir das Mantra und nichts als das Mantra aufsagen, dann lernen wir, in Gott zu wohnen.

Hören Sie Jesus, er sagt:

> *Wer in mir bleibt und in wem ich bleibe, der bringt reiche Frucht; denn getrennt von mir könnt ihr nichts vollbringen ... Wenn ihr in mir bleibt und wenn meine Worte in euch bleiben, dann bittet um alles, was ihr wollt: Ihr werdet es erhalten. Mein Vater wird dadurch verherrlicht, dass ihr reiche Frucht bringt und meine Jünger werdet.*
> *Wie mich der Vater geliebt hat, so habe auch ich euch geliebt. Bleibt in meiner Liebe! Wenn ihr meine Gebote haltet, werdet ihr in meiner Liebe bleiben, so wie ich die Gebote meines Vaters gehalten habe und in seiner Liebe bleibe.*
> Johannes 15,5, 7-10

Das ist eine ausgezeichnete Beschreibung der Meditation: Zu wohnen, zu verweilen, zu bleiben in der Liebe Gottes.

7.15 Fülle des Lebens

Das Wichtigste für uns alle ist, unser Leben in Fülle zu leben und soweit wir es können, unser eigenes Potenzial zu erkennen. Die Meditation ist für uns wichtig, weil sie der Prozess ist, durch den wir den Kontakt zum schöpferischen Zentrum unseres Seins nicht nur offen halten, sondern stetig und steigend erweitern. Die Meditation ist ein Prozess, durch den die schöpferische Energie in unserem Inneren freigesetzt wird.

In unserer modernen, säkularen Welt vergessen wir leicht, dass wir göttlichen Ursprungs sind, aus göttlicher Quelle stammen. Die hell strahlende Energie unseres eigenen Geistes stammt aus dem Geiste Gottes. Wir vergessen, dass Gott unser Schöpfer ist. Durch das Vergessen verlieren wir den Kontakt mit unserer wesentlichen Natur. Und weil wir diesen Kontakt mit unserem göttlichen Ursprung verlieren, werden wir selbst entmenschlicht.

Es ist so leicht für uns, entmenschlicht zu sein, nur noch ein Konsument in einer materialistischen, kommerziellen Welt zu sein. Es passiert so leicht, das Leben irgendwie mechanisch zu leben, jeden Tag die Routine zu befolgen, aber den Sinn für Frische, Kreativität und Freiheit zu verlieren. Als Ergebnis dessen leben wir unser Leben in einer Art Rausch, eine Routine folgt der nächsten, vielleicht einmal unterbrochen von ein wenig Unterhaltung, Freude oder in einer Sackgasse gelandet durch den Druck der Arbeit oder des Spiels.

Heute Abend möchte ich Ihnen zwei Dinge darlegen, die wir tun müssen, wenn wir diesen Kreislauf durchbrechen wollen.

Als Erstes muss jeder von uns lernen, diesen Rausch der Aktivitäten zu stoppen. Wir müssen die Priorität des Seins lernen. Wir müssen lernen, still zu sein. Darum geht es bei unseren regelmäßigen Zeiten des Meditierens.

Als Zweites müssen wir lernen, tiefgründig still zu sein. Wir müssen lernen, den Rummel um uns herum und in unserem Kopf zu stoppen. Es ist einfach, das Radio und den Fernseher auszuschalten, aber es ist nicht so einfach, die vielfältigen Ideen und Vorstellung auszuschalten, die uns im Kopf umherschwirren. Das ist der Zweck des Mantras.

Die Meditation geht diese beiden Probleme an. Wir lernen still zu sein, und wir lernen ruhig zu sein. Wenn wir lernen, still zu sein, dann lernen wir, an unserem eigenen Platz zu sein, in unserem Platz verwurzelt zu sein. Den Platz, der der unsrige ist, finden wir in uns selbst. Es gibt gar nichts, was unsere moderne Welt dringender bräuchte als Männer und Frauen, die in sich selbst verwurzelt sind, sich selbst vertrauen, ihrer eigenen Fähigkeit zum Guten vertrauen und der Fähigkeit vertrauen, zu lieben und geliebt zu werden. Für dieses Vertrauen müssen wir völlig mit uns eins sein. Still dasitzend, jeden Morgen und jeden Abend, lernen wir Stille und Verwurzelung. Wenn wir einmal verwurzelt sind, wenn wir einmal still sind, dann beginnen wir die nächste große Aufgabe – lernen, aufmerksam zu sein. Wir lernen, dem Mysterium im Herzen der Schöpfung gegenüber aufmerksam zu sein, und wir lernen, unser Leben in Harmonie mit diesem Mysterium zu leben.

Hören Sie, was Johannes in seinem ersten Brief schreibt:

> *Liebe Brüder, wir wollen einander lieben; denn die Liebe ist aus Gott und jeder, der liebt, stammt von Gott und erkennt Gott. Wer nicht liebt, hat Gott nicht erkannt; denn Gott ist die Liebe. Die Liebe Gottes wurde unter uns dadurch offenbart, dass Gott seinen einzigen Sohn in die Welt gesandt hat, damit wir durch ihn leben.* 1. Johannes 4,7-9

Unsere Meditation ist ein Eintreten in diese Fülle des Lebens, verwurzelt in uns selbst, verwurzelt in Liebe, verwurzelt in Gott.

7.16 Unser Wertesystem basiert nun auf Gott

Um meditieren zu lernen, müssen wir darauf vorbereitet sein, in die ganze Wahrheit einzutreten: die Wahrheit über uns, die Wahrheit über andere und die oberste Wahrheit aller Wirklichkeit. An vielen Punkten unseres Lebens bauen wir Filter ein, die die Wahrheit filtern, wenn wir ihr erlauben hereinzukommen und herauszukommen. Vielleicht sind diese Filter für die meisten von uns notwendig, solange wir unser Leben an der Oberfläche führen, solange wir mit ganzer Energie versuchen, unser eigenes Bild von uns zu schützen und unser eigenes Bild von uns zu projizieren.

Warum bauen wir diesen Schutz um uns selbst auf? Ich denke, es ist so, weil wir nicht sicher sind, ob uns die anderen Menschen so akzeptieren, wie wir sind. Und vielleicht ist der Grund dafür, dass wir uns selbst nicht so akzeptieren, wie wir sind. Also müssen die Ängste über uns selbst aufgelöst werden.

Den wahren spirituelle Mann oder die wahre spirituelle Frau erkennt man daran, dass er oder sie mit jedem, den sie treffen, harmonisch sein können. Sie treffen Menschen nicht, um zu konkurrieren oder irgendein Bild davon auf sie zu übertragen, wer Sie sein könnten oder gern wären oder sein sollten. Sie fangen damit an, jeden so zu treffen, wie Sie sind, als die Person, die Sie sind, zufrieden, dem eigenen Sein zustimmend. Sie akzeptieren es, weil Sie in der Stille der Meditation das Wissen erlangt haben, dass Sie akzeptiert werden. Es ist nicht nur so, dass Sie akzeptiert werden, weil Sie alles richtig gemacht haben. Wenn Sie beginnen, die grundlegende Beziehung von Geschöpf und Schöpfer zu untersuchen, dann entdecken Sie, dass Sie akzeptiert werden. In der christlichen Sichtweise der Meditation entdecken Sie noch etwas. Sie entdecken in dieser Stille, dass Sie geliebt werden, dass Sie liebenswert sind. Das ist die Entdeckung, die ein jeder in seinem Leben machen muss, wenn er wirklich ganz er selbst werden will, gänzlich menschlich.

In der Vision, die Jesus verkündete, beginnt man zu verstehen, was Johannes meinte, als er sagte: „Gott ist Liebe." Das Besondere daran (und das ist wieder das, was ich persönlich jedem, den ich treffe, mitteilen will) ist, dass die Liebe in Ihrem eignen Herzen zu finden ist.

Das ist eine erstaunliche Wahrheit. In den Herzen eines jeden von uns, in der Tiefe unseres Seins, kann man die Quelle endloser, unendliche Liebe finden. Das ist die Liebe, die all unsere Ängste zerschlägt. Dadurch werden wir wir selbst, werden die Person, die wir aufgerufen sind, zu sein, verlassen alle unsere Bilder und unsere Verteidigungsmechanismen. Um man selbst zu werden, muss man sich nur selbst in völligen Kontakt mit dieser Macht bringen, mit dieser Energie, die wir Liebe nennen.

Unser Geist weitet sich aus. Unser Herz öffnet sich, wir werden großzügiger. Und die Veränderungen in uns geschehen, weil wir in der Meditation jener Macht gegenüberstehen, die diesen Wechsel möglich macht. Jeder wäre sicher gern freundlicher, verständnisvoller, selbstloser, sympathischer, mitfühlender und so weiter. Aber zur gleichen Zeit nehmen wir uns selbst als schwache, sterbliche, fehlbare menschliche Wesen wahr.

In der Meditation entdecken wir die Machtquelle, die es uns erlaubt, so zu leben, und wir sehen, dass diese Machtquelle genau mitten im Zentrum unseres eigenen Seins errichtet ist, in unseren Herzen. Das ist so, weil sich die Reihenfolge unsere Werte verändert hat. Anstatt unser Wertesystem auf uns selbst basieren zu lassen, auf dem Ego, auf Erfolg oder Selbstdarstellung, basiert unser Wertesystem nun auf Gott. In der Offenbarung, die in unseren Herzen geschieht, in der Offenbarung, die geschieht, wenn wir die Gegenwart Jesu dort entdecken, dann erkennen wir, dass Gott Liebe ist. Das führt uns zu einer Schlussfolgerung, die große Macht freisetzt – dass es nur eine Sache gibt, die wichtig ist, und zwar, dass wir in Liebe wachsen. Alles andere ist zweitrangig. Alles andere ergibt sich daraus. Wenn diese Einsicht erst einmal machtvoll genug wird, dann wird sich unser Leben ändern. Wir sehen die Bedeutung des Mitgefühls, des Verstehens. Wir werden wahrlich feinfühlige Menschen werden, die mit dem Leben in ihrem Zentrum in Verbindung stehen.

Erinnern Sie sich: Gott ist das Zentrum, Gott ist Liebe, und Jesus ist die Offenbarung dieser Liebe.

Jeder, der beharrlich bei der Meditation bleibt, entdeckt, dass sich das ganze Leben stückchenweise verändert, auch wenn während des Meditierens nichts zu geschehen scheint. Wir müssen geduldig sein, weil wir uns vielleicht schneller verändern wollen. Unsere Beziehungen werden liebevoller werden. Weil wir im Prozess der Meditation frei werden, zu lieben.

8 Der Weg

Die Auforderung Jesu an uns ist, dem Weg zu folgen, nicht meinem Weg, sondern dem Weg. Er ist der Weg, der Weg, der Wahrheit und Leben ist.

John Main

8.1 Der Weg der Stille

Stille ist die grundlegende menschliche Antwort auf das Mysterium Gottes, auf die Unendlichkeit Gottes.

Es ist so, als wäre das Mysterium Gottes ein wundervoller facettenreicher Diamant. Wenn wir über Gott sprechen oder über Gott nachdenken, ist es, als würden wir auf die eine oder andere dieser Facetten antworten. Aber wenn wir in seiner Gegenwart still sind, dann antworten wir auf das Mysterium, das wir Gott nennen, im Ganzen, und zwar omni-dimensional. Das Wunder daran ist, dass es das Ganze von uns ist, das auf die Ganzheit des Mysterium Gottes antwortet. Es ist nicht nur unser Intellekt, es sind nicht nur unsere Gefühle, es ist nicht nur der religiöse Teil oder der säkuläre Teil von uns. Alles, was wir sind, antwortet auf alles, was er ist, in völliger Harmonie, in absoluter Liebe. Das ist es, was die Erfahrung des christlichen Gebetes ist – unsere Verbindung mit dem Einen, der Eins ist.

Wie ist das möglich? Es ist möglich durch die menschgewordene Wirklichkeit, die Jesus ist. Gott offenbart sich ganz in Jesus, er ist ganz gegenwärtig in Jesus, und die Liebe Jesu hat uns mit ihm vereint. Dadurch, dass wir uns in der Stille öffnen, öffnen wir uns verwundert der Wirklichkeit Gottes. Wir lernen, still zu sein, indem wir beständig unser Mantra in bescheidener Treue aufsagen.

Um den spirituellen Weg zu betreten, müssen wir lernen, still zu sein. Von uns wird eine Reise in tiefgründige Stille erwartet. Das Schwächerwerden der Religion liegt zu einem Teil daran, dass die Religion Worte für ihre Gebete und Rituale verwendet, aber diese Worte müssen einen Sinn bekommen. Und sie können nur dann einen Sinn bekommen, der ausreicht, unser Herz anzurühren, uns in neue Richtungen zu schicken, unser Leben zu ändern, wenn sie dem Geist entspringen. Und der Geist verlangt Stille. Wir alle müssen Worte benutzen, aber um sie mit Macht zu nutzen, müssen wir alle still sein. Meditation ist der Weg zur Stille, der Weg der Stille. Es ist der Weg des Mantras, das Wort, das uns in eine solche Stille führt, die schließlich alle Worte mit Sinn füllt.

Stille ist für den menschlichen Geist wirklich absolut notwendig, um wirklich zu gedeihen. Nicht nur zu gedeihen, sondern schöpferisch zu sein, eine schöpferische Antwort auf das Leben zu haben, auf unsere Umgebung, unsere Freunde. Die Stille gibt unserem Geist Raum zum Atmen, Raum zu *sein*. In der Stille muss man sich nicht selbst rechtfertigen, sich nicht entschuldigen, nicht versuchen, irgendjemanden zu beeindrucken. Man muss nur sein. Das ist eine wunderbare Erfahrung. Das Wunderbare an dieser Erfahrung ist, dass man völlig frei ist. Man versucht nicht, irgendeine Rolle zu spielen, man versucht nicht, irgendjemandes Erwartungen zu erfüllen.

Um meditieren zu lernen, muss man lernen, still zu sein und keine Angst vor der Stille zu haben. Eines der großen Probleme heutzutage ist, dass die Stille so ungewohnt für uns ist. Viele Menschen lassen ständig das Radio oder den Fernseher im Hintergrund laufen, oder es ist ein anderer Lärm zu hören. In der Meditation aber überschreiten Sie die Schwelle von den Hintergrundgeräuschen hin zur Stille. Lassen Sie mich versuchen, Ihnen die Reaktion zu erklären, mit der Sie auf die Stille reagieren sollten. Was passiert, ist Folgendes: Sie fangen an, Ihr Wort zu rezitieren und Sie fühlen sich langsam friedlicher und stiller. Dann bemerken Sie, dass Sie an der Schwelle zur Stille stehen. Das ist für viele ein kritischer Augenblick, weil man die gewohnte Welt der Klänge, Ideen, Gedanken und Worte verlässt. Sie treten hinüber in die Stille und Sie wissen nicht, was Ihnen bevorsteht. Darum ist es so wichtig und hilfreich, in einer Gruppe zu meditieren. Darum ist es so wichtig und hilfreich, nach einer Tradition zu meditieren, die Ihnen sagt: „Hab keine Angst, fürchte dich nicht." Der Zweck unserer Meditation ist, in der Gegenwart der Liebe zu sein. Die Liebe, die unsere Ängste vertreibt, wie

Jesus uns sagt. Aber es ist ein kritischer Moment, denn wenn Sie zu Ihren Gedanken zurückkehren, zu Ihren Ideen, oder vielleicht auch zu Ihren Gebeten, dann haben Sie sich abgewandt vom Eintreten in die Stille, in das Gebet, in die Liebe.

Ich denke, wir alle müssen weniger lernen, die Stille herzustellen, denn die Stille ist hier, in uns. Wir müssen in sie hineintreten, still werden, Stille werden. Der Zweck der Meditation und die Herausforderung der Meditation bestehen darin, es uns selbst zu erlauben, so still zu werden, dass wir es der inneren Stille erlauben können, hervorzutreten. Die Stille ist die Sprache des Geistes.

Zu lernen, das Mantra zu sprechen, das Wort zu sagen, alle anderen Worte, Ideen, Vorstellungen und Fantasien zurückzulassen, heißt zu lernen, in die Gegenwart des Geistes einzutreten, der in unserem inneren Herzen wohnt, der dort in Liebe wohnt. Der Geist Gottes wohnt in unserem Herzen in Stille. Bescheiden und gläubig müssen wir diese stille Gegenwart betreten.

8.2 Der Weg der Ruhe

Um zu meditieren, muss man lernen, ruhig zu sein. Meditation ist die perfekte Ruhe von Körper und Geist.

Ruhe ist unser Weg zur Verwurzelung, verwurzelt zu sein in unserem wahren Selbst, in dem Geschenk, das Gott uns mit unserem eigenen Sein gegeben hat, verwurzelt zu sein. Also müssen wir lernen, still zu sein an dem einen Ort. Wenn wir uns in uns selbst verwurzeln, dann werden wir auch an dem richtigen Platz in der Schöpfung verwurzelt und somit verwurzelt in unserem Schöpfer. Paulus sagt, die Herausforderung unseres Lebens, die Aufgabe unseres Lebens, das Ziel unseres Lebens sei es, in Christus verwurzelt zu sein. Und er wohnt in unseren Herzen. Darum müssen wir in unseren eigenen Herzen verwurzelt sein. Die äußerliche Ruhe und die äußerliche Stille sind nur Zeichen der inneren Stille, der inneren Ruhe und der inneren Verwurzelung. Also seien Sie still, egal ob Sie gerade zu Hause meditieren oder hier in einer Gruppe. Seien Sie so still, wie Sie nur können.

Das bedeutet, dass Sie sich eine wirklich wachsame Position wählen sollten, wenn Sie sich hinsetzen. Die Wirbelsäule ist aufrecht, die Hände und Arme liegen bequem. Dann bleiben Sie absolut ruhig. Sie werden sich an der Nase kratzen oder die Brille, die Krawatte oder den Kragen zurechtrücken wollen. Sie werden vieles wollen – den Bart glätten, wenn Sie einen haben, oder was auch immer. Aber ignorieren Sie alles! Es kann sein, dass Sie einige körperliche Probleme haben werden. Wenn Sie jung und gelenkig genug sind, dann ist eine Position im Schneidersitz, bei der die Wirbelsäule aufgerichtet ist und der Körper insgesamt diszipliniert dasitzt, eine ausgezeichnete Haltung. Wenn Sie damit anfangen, dann werden Sie einige körperliche Schmerzen erfahren und Sie werden sich auch noch an der Nase kratzen wollen. Aber Sie müssen versuchen, dies soweit es geht zu erdulden. Wenn Sie lernen, im Lotussitz zu sitzen, dann wäre es weise, dies außerhalb der Meditation zu tun und anfangs in einer wachsamen Position zu sitzen, mit gekreuzten Beinen. Den Lotussitz sollten Sie während der Meditation erst einnehmen, wenn Sie damit schon erfahrener sind.

Jeder von uns wird sich in der Meditation einmal so fühlen, als müsse er sich bewegen. Sich nicht zu bewegen, ruhig zu bleiben, könnte unsere erste Lektion sein, seine Begierden zu überwinden, die Fixierung auf uns selbst. Ich möchte, dass Sie verstehen, dass die Meditation diese Disziplin beinhaltet. Die erste Disziplin, die Sie vermutlich lernen müssen, ist ruhig zu sitzen und still zu sein.

Haltung und Stille sind von höchster Bedeutung. Sie sind das äußere Zeichen unserer inneren Verpflichtung zur Disziplin der Meditation. Die Ruhe des Körpers erreichen wir, indem wir ruhig sitzen.

Und dann die Ruhe des Geistes. Die körperliche Ruhe ist nicht das Schwierigste, das ist die Ruhe des Geistes. Es ist die Ruhe des Geistes, in der wir über das Denken, Betrachten und Analysieren hinausgehen.

Der indische Mystiker Sri Ramakrishna, der im 19. Jahrhundert in Bengalen lebte, beschrieb den Geist als einen großen Baum, der mit Affen bevölkert ist, die sich alle mit ohrenbetäubendem Lärm von Ast zu Ast schwingen. Wenn Sie mit der Meditation beginnen, dann erkennen Sie, dass dies eine wunderbar passende Beschreibung des ständig in unserem Kopf umhergehenden Wirbels ist. Beim Gebet geht es nicht darum, auf diese Verwirrung zu reagieren, indem man versucht, mit ihr Schluss zu machen, und das Ganze vielleicht noch mit einem anderen Lärm zu bedecken. Die Aufgabe der Meditation ist es, alles von dem beweglichen und abgelenkten Geist zur Stille, Ruhe und Konzentration zu bringen, es wieder zu richten. Das ist das Ziel, das uns der Psalm lehrt. „Lasst ab und erkennt, dass ich Gott bin“ (Psalm 46,11).

Um dieses Ziel zu erreichen, bedienen wir uns eines einfachen Mittels. Es ist etwas, auf das der Heilige Benedikt seine Mönche aufmerksam machte, und zwar schon im 6. Jahrhundert. Er ließ sie die Konferenzen des Johannes Cassianus lesen. Cassianus empfiehlt jedem, der das Beten lernen will und der beständig beten will, sich einen einzelnen kurzen Vers auszuwählen und diesen Vers einfach immer und immer wieder zu wiederholen. In der Zehnten Konferenz drängt Cassianus darauf, dass seine Methode der einfachen und ständigen Wiederholung eines kurzen Verses die beste wäre, um alle Ablenkungen zu vertreiben, um alles Geschnatter der Affen aus unserem Geist zu vertreiben, damit er in Gott ruhen kann.

Aufmerksame Ruhe ist ein Bewusstseinszustand, der den meisten Westlern fremd ist. Wir sind entweder aufmerksam oder entspannt. Selten sind die beiden Formen miteinander kombiniert in uns zu finden. Aber in der Meditation erfahren wir uns selbst zur gleichen Zeit als völlig entspannt und völlig aufmerksam. Die Ruhe ist nicht die Ruhe des Schlafens, sondern eher einer völlig aufgeweckten Konzentration.

Wenn Sie einem Uhrenmacher dabei zuschauen, wie er eine geschickte Bewegung mit einer feinen Pinzette ausführt, dann werden Sie bemerken, wie ruhig und gelassen er ist, wenn er das Innere der Uhr durch sein Vergrößerungsglas mustert. Seine Ruhe ist von äußerster Konzentration, völlig damit beschäftigt, was er tut. Ähnlich ist es bei der Meditation: Unsere Ruhe ist keine Zustand bloßer Passivität, sondern ein Zustand völliger Offenheit, völliger Wachsamkeit gegenüber dem Wunder unseres eigenen Seins, völlige Offenheit gegenüber dem Wunder Gottes, dem Autor und Erhalter unseres Seins, und ein völliges Verstehen dessen, dass wir eins sind mit Gott.

8.3 Der Weg der Einfachheit

Der Weg der Meditation ist ein Weg großer Einfachheit. In der Gesellschaft, in der wir leben, sind wir nicht daran gewöhnt, unser ganzes Vertrauen und unseren ganzen Glauben auf etwas zu richten, das ganz, ganz einfach ist. Wir alle sind so erzogen worden, wirklich komplexen Dingen zu vertrauen. Wenn wir uns also etwas wie der Meditation nähern, dann neigen wir dazu, uns für die Techniken zu interessieren, die damit zusammenhängen. Nun, die Techniken haben ihre Berechtigung, aber sie sind nicht das Erste, worauf man seinen Geist lenken sollte, wenn man das Meditieren lernen möchte. Am Anfang ist es am wichtigsten, die absolute Einfachheit zu verstehen und dann voller Vertrauen an der Einfachheit der Praxis festzuhalten.

Das Erste, das Sie lernen müssen, wenn Sie sich auf die Pilgerreise der Meditation machen, ist, mit der Einfachheit eines Kindes auf die Botschaft zu hören. Wenn wir meditieren, dann gehen wir über die Begierde, über das Besitzenwollen und über die Selbst-Bedeutung hinaus.

Diese Zeilen sind aus dem Lukasevangelium:

> *Man brachte auch kleine Kinder zu ihm, damit er ihnen die Hände auflegte. Als die Jünger das sahen, wiesen sie die Leute schroff ab. Jesus aber rief die Kinder zu sich und sagte: Lasst die Kinder zu mir kommen; hindert sie nicht daran! Denn Menschen wie ihnen gehört das Reich Gottes. Amen, das sage ich euch: Wer das Reich Gottes nicht so annimmt wie ein Kind, der wird nicht hineinkommen.*
> Lukas 18,15-17

Die Meditation ist der Weg, unseren Sinn für Wunder wiederzuentdecken. Das christliche Gebet ist ein Zustand der Unschuld. Sie müssen transzendieren, und Sie müssen an Ihre

Meditation mit kindlicher Einfachheit herangehen. „Wenn ihr nicht umkehrt und wie die Kinder werdet, könnt ihr nicht in das Himmelreich kommen.“ (Matthäus 18,3)

Einfachheit, einfach zu sein, ist nicht unbedingt leicht für uns. Ein Problem, das Menschen haben, die das Meditieren erlernen, ist genau das. Sie fragen: „Was muss man tun, um zu meditieren?“ Wenn man ihnen sagt, dass sie ruhig dasitzen sollen und nur lernen müssen, eine kurze Phrase oder ein Wort zu sagen, sind sie oft geschockt. Es gibt Menschen, die zu mir sagten: „Also, ich habe einen Doktortitel in Angewandter Physik. Das ist vielleicht für die normalen Leute in Ordnung, aber es gibt doch sicher etwas Anspruchsvolleres als das.“ Aber das ist der Kern der Meditation – lernen, still zu sein, lernen, ruhig zu sein.

Sie müssen lernen, Ihr Wort zu sagen. Das ist schwierig, denn das ist nicht die übliche Weisheit. Die meisten Menschen unserer Gesellschaft sehen Weisheit als etwas, das an Komplexität gewinnt, und je abstruser und ungewöhnlicher die Ideen sind, die man betrachten und meistern kann, desto weiser wird man werden. Wenn man zu jemandem sagt: „Ich werde mich einfach jeden Morgen und jeden Abend hinsetzen und ich werde lernen, dieses Wort zu sagen“, dann werden die meisten Menschen antworten: „Nun, du bist aber ein Trottel. Das Leben ist doch sicherlich zu kostbar, und die Zeit ist zu kostbar, um sie damit zu verschwenden, eine halbe Stunde am Morgen und eine halbe Stunde am Abend nur so ein Wort zu sagen. Hat man dir nicht Verstand gegeben, damit du etwas Sinnvolleres damit anstellst, etwas Besseres?“ Es braucht also eine Menge Mut von einem jeden von uns, als Mann oder Frau des 20. Jahrhunderts sich hinzusetzen und zu meditieren, jeden Morgen und jeden Abend. Aber das ist es, was notwendig ist.

Mein Ratschlag an Sie lautet also: Sagen Sie Ihr Wort, seien Sie standhaft dabei, Ihr Wort zu sagen, und erlauben Sie dem Geschenk, von Gott gegeben zu werden. Verlangen Sie es nicht. Wir sollten ohne jeden Anspruch und ohne Erwartungen an die Meditation herangehen, sondern nur mit dieser Großzügigkeit des Geistes, die uns auffordert, so gegenwärtig zu sein, wie wir können, für uns und für Gott.

Die Aufgabe, der wir uns gegenüber sehen, ist es, einfach genug zu werden, bescheiden genug, um unser Wort aufzusagen, einfach zum Sprechen des Wortes zurückzukehren und alle Gedanken und Vorstellungen während der Meditation aufzugeben. Es gibt Zeiten für Reflexionen, für Analysen, aber das ist nicht die Zeit während der Meditation. Während der Meditation müssen wir lernen, wie kleine Kinder zu sein, kindlich, vertrauend, beständig darin, unser Wort zu sagen und alle Gedanken loszulassen, alle Vorstellungen und jede Analyse.

Wenn wir unser Mantra jeden Morgen und jeden Abend sagen, dann ist es genau dieses Eintreten in den kindlichen Zustand, in dem wir unser vollstes Vertrauen und unsere vollste Zuversicht in Gott setzen. Welches Geschenk er uns auch gibt, wir empfangen es mit Einfachheit und Freude. Durch welche Armut er uns auch immer hindurchführen wird, wir akzeptieren auch das mit der gleichen Einfachheit und Freude. Und die größte Freude, die es gibt, ist, in diese Einheit einzutreten, eine Einheit, in der uns alle Begierde verlässt, eine Einheit, die uns in völlige Harmonie bringt, eine Harmonie mit unserem Geist, mit dem Geist Gottes und mit der gesamten Schöpfung.

8.4 Der Weg der Disziplin

Man kann das Meditieren nicht erlernen, bis man es nicht als ein regelmäßiges Muster in sein Leben eingebaut hat, als eine regelmäßige Disziplin. Es verlangt ein beachtliches Opfer, diese Zeit jeden Morgen und jeden Abend zu finden, es bedarf einer beachtlichen Disziplin, aber es ist notwendig. Es ist notwendig, da die Gegenwart Gottes in seinem Universum, in seiner Schöpfung, in Ihrem Herzen und in meinem Herzen von solch einer Wichtigkeit ist, dass wir es auf eigene Gefahr ignorieren. Wenn wir das ignorieren, dann können wir niemals uns oder das Universum begreifen. Das ist der Grund, warum die Reise soviel Ernsthaftigkeit und Disziplin erfordert, und diese Ernsthaftigkeit und Disziplin werden Sie zu dem Frieden und der Freude leiten, die man mit Worten kaum beschreiben kann.

Meine Empfehlung an Sie lautet, die tägliche Meditation mit mindestens 20 Minuten zu beginnen. Versuchen Sie so schnell Sie können, es auf 25 Minuten zu bringen, die ideale Dauer ist eine halbe Stunde. Und die Zeitspanne sollte jeden Tag gleich sein, egal ob es 20, 25 oder 30 Minuten sind. Ich denke, dass es sehr hilfreich ist, eine genaue Zeitspanne zu wählen und dann zu sagen: „Einverstanden, ich werde für 20 Minuten meditieren." Und wenn die 20 Minuten dann um sind, aufzustehen und die Meditation zu beenden. Es besteht die Versuchung, die Meditation auszudehnen, wenn es gut läuft, und sie abzukürzen, wenn es nicht so gut läuft. Es ist wirklich wichtig, einen Schritt von diesem Selbst-Bewusstsein zurückzutreten und ein absolutes Limit zu setzen. Die Disziplin ist in der Meditation von höchster Wichtigkeit.

Wenn Sie lernen wollen, zu meditieren, dann ist es auf jeden Fall notwendig, jeden Tag zu meditieren. Jeden Tag Ihres Lebens, jeden Morgen und jeden Abend. Es gibt keine Abkürzungen. Es gibt keine Schnellkurse. Es gibt keinen sofortigen Mystizismus. Es ist einfach die sanfte und schrittweise

Veränderung der Richtung, die Veränderung des Herzens.

Um zu meditieren muss jeder von uns lernen, still zu sein, und das ist eine Disziplin. Die Meditation schließt diese Disziplin mit ein – still zu sitzen, still zu sein. Der Körper wird dabei ein äußerliches Zeichen der inneren Stille, der Sie sich auf Ihrer Pilgerreise nähern, wenn Sie Ihr Mantra aufsagen.

Sie dürfen niemals vergessen, Ihr Mantra von Anfang bis Ende zu sagen. Das ist die Grundlage, die Basis, und lassen Sie sich von niemandem diese Wahrheit ausreden. In Ihren Büchern werden Sie eine Menge Varianten und Alternativen finden. Aber die Disziplin der Meditation stellt an uns genau diese eine Anforderung: Dass wir das Selbst völlig hinter uns lassen müssen, unsere Gedanken loslassen müssen, alle Analysen und Gefühle, um so dem Anderen völlig zu Verfügung zu stehen. Wir müssen das auf eine absolute Weise machen. Das ist die Aufgabe, die uns das Mantra stellt: Es von Anfang bis zum Ende aufzusagen, in aller Einfachheit und in absoluter Treue.

Die Leute fragen mich manchmal: „Welche Technik unterrichten Sie?" In der modernen Welt sind wir daran gewöhnt, über Techniken nachzudenken. Das Leben birgt eine Menge Probleme in sich und jedes davon benötigt eine Technik, um gelöst zu werden. Aber ich möchte Ihnen nahelegen, gerade jetzt am Anfang Ihrer Pilgerreise, dass Meditation keine Technik ist, Meditation ist eine Disziplin. Es ist die Disziplin des Jüngers, dem Meister gegenüber offen, aufmerksam, gegenwärtig und ehrfürchtig zu sein, wenn wir in seine Gegenwart kommen.

8.5 Der Weg der Verpflichtung

Die Herausforderung, der sich jeder von uns im Leben gegenübersieht, ist die der völligen Verpflichtung dem gegenüber, was ewig ist. Und somit ist die wirkliche Herausforderung, der sich jeder von uns stellen muss, die, unser Leben in einer ewigen, dauerhaften Realität zu verwurzeln und zu begründen. Und diese ist Gott.

In der Meditation treten wir ein in die grundlegende Beziehung unseres Lebens. Gott, unser Schöpfer und Vater, fordert uns auf zu einer Vertrautheit mit ihm, die daherrührt, dass er uns kennt und liebt. Er fordert uns auf, in eine Beziehung des Wissens und der Liebe mit ihm zu kommen.

Wenn wir in der Meditation verharren, dann entdecken wir, dass wir Gott nicht in ein Wartezimmer setzen und zu ihm sagen können: „Wenn ich die wichtigen Dinge, mit denen ich gerade beschäftigt bin, erledigt habe, dann bin ich wieder bei dir." Wir können Gott nicht hinhalten und sagen: „Ich bin in einer Minute zurück." Wenn wir uns verpflichten, jeden Morgen und jeden Abend zu meditieren, dann entdecken wir, dass wir lernen müssen, Gott *jetzt*, heute, Beachtung zu schenken.

Um zu lernen zu meditieren, muss man verstehen, dass es eine tägliche Verpflichtung ist. Eine Verpflichtung, die völlig über das hinausgeht, was wir fühlen. Wir meditieren nicht, wenn uns danach ist, oder wir meditieren nicht, wenn uns nicht danach ist. Wir akzeptieren die Disziplin des Wortes, des Mantras, seine Rezitation vom Anfang bis zum Ende.

Diese Verse stammen aus Paulus Brief an die Kolosser:

> *Tut eure Arbeit gern, als wäre sie für den Herrn und nicht für Menschen; ihr wisst, dass ihr vom Herrn euer Erbe als Lohn empfangen werdet.*
> Kolosser 3,23-24

Seien Sie mit ganzem Herzen dabei. Die Meditation fordert uns auf zu einem tiefen Verständnis. Wenn wir einmal damit beginnen, zu meditieren, wenn wir einmal die ersten Schritte gemacht haben, dann realisieren wir, dass wir nicht länger in der Belanglosigkeit verweilen können. Die Aufforderung verlangt nach einer völligen Reorientierung unseres Seins, einer radikalen Konversion. Wir sind vor allem dazu aufgerufen, das Mysterium an sich zu betreten, zu lernen, was nirgendwo sonst gelernt werden kann. Um auf diese Aufforderung zu antworten, muss jeder Teil unseres Seins involviert sein.

Ich denke, es kommt für jeden von uns ein Zeitpunkt, an dem wir verlockt sind, aufzugeben. Das absolute Wesen sowohl des Mysterium Gottes als auch des Pfads der Meditation hat uns durcheinander gebracht. Wir alle sind versucht, nicht loszulassen. Wir möchten an den uns bekannten Illusionen festhalten. Wir alle möchten uns Möglichkeiten offen halten.

Es gibt keine halben Sachen. Sie können sich nicht entscheiden, ein *bisschen* zu meditieren. Die Option ist die, zu meditieren und sein Leben in der Wirklichkeit zu verwurzeln. So weit ich es verstehe, ist es das, worum es im Evangelium geht. Es ist das, worum es im christlichen Gebet geht: eine Verpflichtung zum Leben, eine Verpflichtung zum ewigen Leben. Jesus selbst drückt es so aus: Das Königreich des Himmels ist hier und jetzt. Wir müssen dafür offen sein, ihm verpflichtet sein.

Der Weg des unbegrenzten Lebens verlangt von unserer Seite Offenheit, Großzügigkeit und Einfachheit. Aber vor allem verlangt es Verpflichtung. Keine Verpflichtung an eine Sache oder eine Ideologie, sondern eine Verpflichtung zu der Einfachheit in unserem eigenen Leben, mit der täglichen Rückkehr zu den Wurzeln unserer eigenen Existenz. Eine Verpflichtung, auf das Leben mit Aufmerksamkeit zu antworten, den Raum in unserem Leben zu schaffen, um erfüllt zu leben.

In der Meditation, in seiner Stille und in seiner Einfachheit, lernen wir, dass wir nichts fürchten müssen, wenn wir uns verpflichten, diesen Raum zu schaffen. Ich glaube, dass alle von uns Verpflichtungen fürchten, weil sie unsere Möglichkeiten einzuschränken scheinen. Wir sagen uns: „Nun, wenn ich mich der Meditation verpflichte, dann kann ich nichts anderes mehr tun." Aber was wir alle in der Verpflichtung ernsthaft zu sein, offen zu sein, nicht an der Oberfläche unseres Lebens zu leben, sondern aus seiner Tiefe heraus, was wir alle in der Erfahrung der Meditation finden, ist, dass unsere Horizonte sich erweitern, sie beschränken sich nicht. Wir finden nicht Zwang, sondern Freiheit.

8.6 Der Weg der Zurücklassung des Selbst

Das sind die Worte Jesu, die im Evangelium nach Lukas wiedergegeben werden:

> *Wer mein Jünger sein will, der verleugne sich selbst, nehme täglich sein Kreuz auf sich und folge mir nach. Denn wer sein Leben retten will, wird es verlieren; wer aber sein Leben um meinetwillen verliert, der wird es retten.*
> Lukas 9,23-24

Das Problem für uns, wenn wir das Evangelium verstehen wollen, ist sein Paradoxon. Wenn wir unser Leben leben wollen, dann müssen wir bereit sein, es zu verlieren.

Irgendwie muss ein jeder von uns die Balance finden zwischen Selbst-Aufgabe und Selbst-Erfüllung. Die Balance ist von großer Bedeutung, denn wenn wir uns nur nach der Selbst-Erfüllung richten, dann werden wir wahrscheinlich zu einer sehr unerträglichen Person, die alles, jede Wirklichkeit, jede Beziehung, nur im Sinne der eigenen Selbst-Erfüllung sieht. Wenn wir andererseits nur nach der Selbst-Aufgabe trachten, sind wir vielleicht ähnlich unerträglich, weil wir unser Leben und unser Selbst nur als Märtyrer sehen, während wir das Leben ständig verneinen.

Jesus spricht über die Balance von Selbst-Aufgabe und Selbst-Erfüllung. Und wir müssen in uns selbst diesen feinen Punkt der Balance finden. Das verrückte an Aufgabe und Erfüllung ist, dass es keine Erfüllung ohne Aufgabe gibt. Sie alle wissen aus eigener Erfahrung, dass es für uns alle schwer ist, uns selbst zuzugestehen, geliebt zu werden. Nur wenn wir uns selbst erlauben, geliebt zu werden, können wir uns selbst lieben. Das große Problem eines jeden menschlichen Lebens ist, den ersten Schritt zu machen, sich zu erlauben, geliebt zu werden. Das ist Aufgabe. Das ist die Zurücklassung des Selbst.

Das ist das Selbst transzendieren. Was folgt, ist Liebe. Das ist Erfüllung. Das ist die absolute Entdeckung des Selbst, im anderen, über sich selbst hinaus.

Jesus bewältigte seine Mission, indem er sich völlig selbst aufgab, indem er sein Leben dem Vater überließ: „Nicht mein Wille, sondern dein Wille geschehe." Das ist genau der Weg für uns alle. Das ist der wirkliche Zweck der Meditation. Unser Leben zu verlieren, uns selbst zu verlieren und völlig in Gott aufzugehen durch das menschliche Bewusstsein Jesu. Die Meditation ist ein mächtiger Weg, wenn wir lernen, das Mantra beständig, ohne Nachlass, aufzusagen, denn das ist der Weg des Gebets, sich selbst zurückzulassen, unser Leben darzulegen, um in das unendliche Mysterium Gottes aufgenommen zu werden.

Die Meditation bringt uns in das Leben Gottes. Darum ist das Meditieren ein Eintreten in die Göttlichwerdung durch Jesus. Durch ihn werden wir eins mit Gott. Durch ihn transzendieren wir uns vollständig, lassen das Ganze unseres Selbst zurück und werden in ihm eine neue Schöpfung. Die Meditation selbst ist der Prozess der Transzendenz. Bis zu dem Grad, zu dem wir uns transzendieren, sind wir göttlich, denn wir lernen eins zu werden mit der Macht der Liebe. Jeder von uns ist durch seine eigene kleine Selbst-Transzendenz bemächtigt, eins mit Gott zu werden. Das ist es, was wir niemals vergessen dürfen.

8.7 Der Weg des Glaubens

Hier eine Stelle aus dem Brief Paulus' an die Hebräer:

> *Glaube aber ist: Feststehen in dem, was man erhofft, Überzeugtsein von Dingen, die man nicht sieht. Aufgrund dieses Glaubens haben die Alten ein ruhmvolles Zeugnis erhalten. Aufgrund des Glaubens erkennen wir, dass die Welt durch Gottes Wort erschaffen worden und dass so aus Unsichtbarem das Sichtbare entstanden ist.*
>
> Hebräer 11,1-3

Die Meditation ist für uns von überragender Bedeutung, weil sie uns in die Erfahrung des Glaubens führt. Glaube ist einfach Offenheit und Verpflichtung zu einer spirituellen Realität, die über uns steht, und in der wir doch unser Sein haben. Durch den Glauben gehen wir über das, was sichtbar ist, hinaus zum Unsichtbaren, der spirituellen Wirklichkeit.

Unser Glaube ist der Glaube an das Königreich Gottes, so nennen es die synoptischen Evangelien (Matthäus, Markus und Lukas). Das Königreich Gottes ist einfach die Macht Gottes, die in unseren Herzen inthronisiert ist. Das ist die christliche Freude, nämlich dass die Macht Gottes unzerstörbar in unserem Herzen verwurzelt ist. Nichts, keine Macht, keine Unterdrückung, nichts kann diese Wurzel des Glaubens lockern. Das Königreich, das uns gegeben ist, ist unerschütterlich. Als Christen müssen wir in der Lage sein, dieses Königreich und diesen Glauben zu kommunizieren. Aber das können wir nur, wenn die Wirklichkeit dieses Königreichs uns nicht nur bewusst ist, sondern in der Grundlage unseres Seins fest verankert ist.

In seinem Brief an die Hebräer sagt Paulus etwas später:

> *Lasst uns mit Ausdauer in dem Wettkampf laufen, der uns aufgetragen ist, und dabei auf Jesus blicken, den Urheber und Vollender des Glaubens …*
> Hebräer 12,1-2

Das ist es, worum es beim Glauben geht. Unsere Augen für die größere Wirklichkeit zu öffnen, eine Wirklichkeit, die sich in Jesus offenbart, der uns den Vater offenbart. Wir blicken nicht auf uns. Wenn wir meditieren, dann sind wir nicht mit uns selbst beschäftigt, mit unserer Perfektion oder unserer eigenen Weisheit und unserem Glück. Wir blicken auf Jesus, und von ihm erhalten wir alles, alles, was wir brauchen, um die Schwierigkeiten, denen wir begegnen, auf die leichte Schulter nehmen zu können, was es auch sein möge. Jesus hat „angesichts der vor ihm liegenden Freude das Kreuz auf sich genommen, ohne auf die Schande zu achten, und sich zur Rechten von Gottes Thron gesetzt“ (Hebräer 12,2). Durch die Meditation werden wir leichten Herzens, denn wir wissen, dass es nur eins gibt, was für das Leben von Bedeutung ist, und zwar sich selbst völlig zu öffnen und in völliger Harmonie mit dem Urheber des Lebens zu sein, dem Wort, durch das wir unser Sein haben, dem menschgewordenen Sohn Gottes, unserem Herr Jesus.

Was wirklich zählt, ist unser Glaube, unsere tiefe Verpflichtung zu Christus im Grunde unseres Seins. Das ist, was zählt.

Die eindeutige Botschaft des Neuen Testaments lautet, dass Jesus Christus wesentlich ist und dass das, was er uns berichtet, sein eigenes Sein ist. Als Christen müssen wir unsere Verpflichtung zu dem Geschenk, das uns gegeben wurde, besonders ernst nehmen: Das Geschenk unseres Lebens und das Geschenk unserer Erlösung, dass wir mit Gott eins wurden durch Jesus. Als Christen sollten wir dieses Evangelium der ganzen Welt verkünden und sagen, dass ein jeder von uns für dieses

Schicksal des Einsseins, für die Fülle des Lebens, geschaffen wurde. Das ist das Wesentliche der christlichen Verkündung. Wir müssen verstehen, dass dies nun in Jesus vollendet wurde, wenn wir es nur wahrhaben.

Die Meditation ist unsere Akzeptanz des Geschenks, des Geschenks unseres Lebens, das Geschenk Jesu und das Geschenk seines Geistes. Da dieses Geschenk unendlich ist, braucht es unsere ganze Aufmerksamkeit, unsere ganze Konzentration. Das ist es, worum es im Christentum geht: Die völlige Akzeptanz dieses Geschenks der Freiheit, dass wir befreit wurden durch Jesus Christus. Christentum heißt nicht in erster Linie, dieses oder jenes Gesetz zu befolgen, diese oder jene Aufgabe zu erfüllen. Es ist vielmehr ein Ganzwerden des Lebens, die Herzen erfüllt mit Verwunderung für das, was ist, für das, was in Jesus vollendet wurde.

Aber wir müssen ernsthaft sein. Wir müssen dem verpflichtet sein. Mit den Worten Paulus': Wir müssen glauben. Wir können nur glauben und uns verpflichten, wenn wir die Erfahrung persönlich machen, wenn wir unsere Gedanken, Pläne und Gefühle loslassen und in die Tiefen des Mysterium Gottes hineinspringen.

Das ist genau das, wohin uns das Aufsagen des Mantras führt. Darum müssen wir es so gewissenhaft aufsagen. Wenn man damit anfängt, muss man einfach glauben, dass die Rezitation dieses Wortes von Wichtigkeit ist. Man muss glauben, dass die Reise der Meditation eine Reise in die Tiefe des Verstehens ist, in die Tiefe der Erfahrung, eine gänzliche Überführung in der Wirklichkeit, in der wir verwurzelt sind. Wir gründen unser Vertrauen auf der Autorität einer Tradition, in der Männer und Frauen diesen Pfad über die Jahrhunderte hinweg geschaffen haben, und zwar mit Großzügigkeit, mit Liebe und mit Treue, währenddessen sie Verständnis, Mitgefühl und Weisheit erlangten.

Wenn Sie anfangen, dann müssen Sie im Glauben beginnen und im Glauben weitermachen. Jedes Mal, wenn Sie sich hinsetzen, um zu meditieren, wird Ihr Glaube getestet werden und wird Ihr Glaube auch gestärkt. Die Zeit des Meditierens, wenn Sie Ihr Mantra von Anfang bis Ende aufsagen, scheint Ihnen manchmal eine komplette Zeitverschwendung zu sein, ein absoluter Zeitverlust, aber erinnern Sie sich daran, dass Jesus in Ihrem Herzen wohnt. Er ist die Offenbarung Gottes. Nur in Gott und nur von Gott haben wir unsere Wirklichkeit.

Der Anfang des Meditierens ist, als würde man in der Wüste nach Wasser graben. Die Oberfläche ist so trocken und staubig, dass Sie es den Geologen einfach glauben müssen, wenn sie Ihnen sagen, dass sich tief in dieser trockenen Erde eine große Quelle der Macht befindet. Wenn wir das erste Mal meditieren, dann können wir nicht anders: Wir erwarten, dass etwas passiert, dass wir eine Vision haben, eine tiefere Erkenntnis erlangen – aber nichts passiert. Und weil wirklich nichts passiert, können Sie sicher sein, dass Sie auf dem rechten Weg sind, dem Weg der Einfachheit, der Armut, der Aufgabe.

Jesus hat uns gesagt, dass sein Geist in unseren Herzen zu finden ist. Meditation bedeutet, diese Wahrheit, diese Wirklichkeit tief in uns selbst aufzudecken. Der Geist, den wir in unseren Herzen zu entdecken aufgefordert sind, ist die Quelle der Macht, die jeden Teil unseres Lebens bereichert.

8.8 Der Weg des Vertrauens

Die Meditation ist der großartige Weg des Vertrauens. Wir setzen uns hin, wir sitzen ruhig, wir sagen unser Mantra mit wachsender Zuversicht und vertrauen unser ganzes Selbst völlig Gott an. So lernen wir, aus diesem Vertrauen heraus zu leben.

Man kann kein Christ sein, bis man nicht lernt, absolut zu vertrauen. Was jeder von uns aus eigener Erfahrung erleben kann, ist, dass in dem Moment des Vertrauens das Dahintröpfeln des Lebens zu einem Sturzbach wird. Der Grund dafür ist, dass dieser Akt des Vertrauens die Barrieren unseres Egos einstürzen lässt. Unser christliches Leben, die Macht des Leben Christi in uns, ist etwas, das sich ständig ausdehnt, ständig in unseren Herzen wächst.

Vor kurzem las ich etwas über den indischen Gott Shiva, der mit seiner Frau beisammen saß und auf die Welt hinunterblickte. Seine Frau sagte zu ihm: „Warum machst du dich nicht auf und gewährst einigen deiner Anhänger Erlösung?" Shiva antwortete: „Sehr gern", und die beiden gingen hinunter in eine Stadt und setzten sich auf den Marktplatz. Es sprach sich herum, dass der große Prophet dort sei. Dann kamen die heiligen Männer der Stadt. Der erste von ihnen ging zu Shiva und sagte: „Ich meditiere jeden Tag acht Stunden. Im Winter meditiere ich zwei Stunden im kalten Wasser. Im Sommer meditiere ich zwei Stunden in der Hitze. Wann werde ich Erlösung finden?" Shiva betrachtete ihn und sagte: „Drei weitere Wiedergeburten." Man kann sich genau vorstellen, wie der Mann zu seinen Freunden ging, seinen Kopf schüttelte und sagte: „Noch drei! Noch drei!" Und so ging es weiter. Ein anderer Mann kam und ihm wird gesagt, er bräuchte noch zehn Wiedergeburten. Am Schluss kam ein kleiner Mann und sagte: „Ich fürchte, ich mache nicht viel, aber ich versuche, jeden um mich herum zu lieben, und ich versuche, die Schöpfung zu lieben. Kann ich erlöst werden?" Shiva kratzte sich am Kopf, und der kleine Kerl wurde ein wenig nervös und fragte noch einmal: „Kann ich erlöst werden?" Shiva betrachte ihn und sagte: „Gut, tausend Wiedergeburten", worauf der kleine Kerl vor Freude auf und ab sprang und jedem zurief: „Ich werde es schaffen, ich werde erlöst werden. Tausend, nur noch tausend!" Und in dem Augenblick ging er in Flammen auf und mit ihm Shiva und dessen Frau, und sie alle wurden zu einer Flamme und verschwanden. Shivas Frau sagte zu ihm: „Wie erlangte dieser kleine Mann sofort Erlösung? Du sagtest doch, tausend Wiedergeburten." Shiva antwortete: „Ja, das war meine Entscheidung. Aber seine Großzügigkeit überstimmte meine Entscheidung. Also wurde er sofort erlöst."

Nachdem ich das gelesen hatte, nahm ich das Lukasevangelium und las Folgendes:

> *Zwei Männer gingen zum Tempel hinauf, um zu beten; der eine war ein Pharisäer, der andere ein Zöllner. Der Pharisäer stellte sich hin und sprach leise dieses Gebet: Gott, ich danke dir, dass ich nicht wie die anderen Menschen bin, die Räuber, Betrüger, Ehebrecher oder auch wie dieser Zöllner dort. Ich faste zweimal in der Woche und gebe dem Tempel den zehnten Teil meines ganzen Einkommens. Der Zöllner aber blieb ganz hinten stehen und wagte nicht einmal, seine Augen zum Himmel zu erheben, sondern schlug sich an die Brust und betete: Gott, sei mir Sünder gnädig!* Lukas 18,10-13

Ich denke, dass die Meditation ein Weg ist, dem wir folgen, um uns selbst ganz dem Mysterium unserer eigenen Existenz anzuvertrauen. Zu meditieren bedeutet, einfach in dem Zustand zu sein, alles zu akzeptieren, wie es ist. Wie Sie wissen: Wenn man lernt, sein Mantra in absoluter Einfachheit aufzusagen, dann vertrauen wir ihm unser ganzes Sein an. Das Meditieren ist in vielerlei Hinsicht ein Akt des Opferns. Wir legen uns selbst hin. Wir bieten uns selbst Gott dar, geben alles auf, was wir sind, und alles, von dem wir wissen, das wir sind. Wir sagen einfach unser Mantra.

Die Meditation ist ein Eintreten in die Nähe Gottes. Er ist in unseren Herzen zu finden. Gott antwortet auf das Sehnen unseres Herzens mit der einfachen Antwort der Liebe. Seine Liebe ist unsere Hoffnung, unser unerschütterliches Vertrauen, dass wir jede Schwierigkeit, jede Herausforderung, was es auch sei, mit den unendlichen Mitteln, die er uns gibt, meistern können. Er tut all dies in uns in Stille, wenn wir es nur dem Mysterium erlauben, uns zu umschließen. Was wir dafür benötigen, ist einfach die Akzeptanz von allem, was ist: Vertrauen.

8.9 Der Weg der Liebe

Die Meditation ist der Weg der Liebe, denn sie endet in Gemeinschaft, in einer gemeinschaftlichen Verbindung: Jesus und wir selbst vereint mit dem Vater. Der Mann oder die Frau des Gebetes ist ein Mann oder eine Frau in Gemeinschaft, in Gemeinschaft mit der Liebe, in Gemeinschaft mit Gott.

Die bedeutendste theologische Aussage, die es gibt, stammt von Johannes, der sagte: „Gott ist Liebe."

Wenn wir als Christen meditieren, dann richten sich unsere Herzen auf Gottes Liebe. Jeder von uns muss sich ganz klar darüber sein und immer daran denken, dass wir unendlich liebenswert sind und unendlich geliebt werden. Wir müssen das nicht nur als einen intellektuellen Lehrsatz begreifen, sondern es aus eigener Erfahrung wissen, in unseren eigenen Herzen. Es ist das Wichtigste, was es für uns zu wissen gilt. Darum ist die Meditation so wichtig, denn so können wir unseren Geist und unsere Herzen auf die wesentliche Tatsache der Geschichte richten: das Wissen, dass Gott Liebe ist.

Jesus kam, um das zu verkünden, und er kam, um mehr zu tun, als es zu verkünden. Er kam, um dieses Wissen in unserem Herzen und in unserem Geist zu festigen. Ein Christ zu sein heißt, aus dieser Überzeugung zu leben. Aber wir können das nicht leben, wenn wir es nicht wissen. Also kommen wir wieder zu unserer bescheidenen Aufgabe zurück, unser Mantra jeden Morgen und jeden Abend aufzusagen.

Die Liebe beinhaltet eine völlige Akzeptanz des anderen, eine Akzeptanz, die absolut bedingungslos ist. Es ist eine Akzeptanz des anderen, die so total ist, dass das Selbst verloren geht.

Es gibt nur den anderen. Das Wunder daran ist, dass wir uns selbst geliebt sehen. Es liegt wirklich ein Sinn darin zu sagen, dass solange wir nicht geliebt werden, wir uns niemals selbst finden können. Denken Sie nun einmal darüber nach in Bezug auf die Meditation. Das Aufsagen des Mantras ist ein

Akt reiner Selbstlosigkeit. Jedes Mal, wenn wir das Mantra sagen, verzichten wir, lassen wir unsere eigenen Gedanken, unsere eigenen Bedenken, unsere eigenen Hoffnungen und unsere eigenen Ängste zurück. Wenn wir das Mantra sprechen, dann werden wir „das Auge, das sieht, sich aber nicht selbst sehen kann".

Durch das tägliche Aufsagen des Mantras lernen wir schrittweise, über uns selbst hinaus zu schauen. Wir lernen, aus einer Sichtweise heraus zu schauen, die sich auf etwas über uns fokussiert, auf Gott. Wenn wir alles auf Gott fokussieren, dann richtet sich alles, was wir sind, alles in unserem Leben auf Gott aus, und alles erhält seinen eigenen rechten Platz.

Das Meditieren ist mächtig, denn es führt uns in diese Ordnung, in diese Ruhe, in diesen Frieden. Das ist so, weil sich die Ordnung unserer Werte verändert hat. Anstatt unser Wertesystem auf das Selbst, das Ego, den Erfolg, die Selbstdarstellung, auf solche beschränkenden Faktoren aufzubauen, bauen wir unser Wertesystem auf Gott auf. Wir entdecken in der Offenbarung, die in unserem Herzen geschieht, die Offenbarung, die wir erfahren, wenn wir dort die Gegenwart Jesu entdecken, dass Gott Liebe ist. Das bringt uns zu einer Schlussfolgerung, die eine große Kraft freisetzt: Es gibt nur eine Sache, die letztendlich zählt, nämlich dass wir in Liebe wachsen. Alles andere ist zweitrangig. Alles andere ergibt sich daraus. Sobald diese Einsicht mächtig genug wird, wird sich unser Leben ändern. Wir sehen die Wichtigkeit von Mitleid und Verständnis. Wir beginnen deshalb, wirklich sensible Menschen zu werden, die mit dem Zentrum des Lebens in Verbindung stehen. Und denken Sie daran, dass Gott das Zentrum ist, Gott ist Liebe, und Jesus ist die Offenbarung dieser Liebe.

Das ist nicht nur eine wunderschöne Theorie. Es ist die praktischste Konsequenz einer sehr praktischen Praxis, der Praxis des Meditierens. Jeden Tag unseres Lebens, jeden Morgen und jeden Abend. Diese halbe Stunde lang, jeden Morgen und jeden Abend, fokussieren wir uns auf etwas über uns.

Unser Geist dehnt sich aus, unser Herz wird größer, wir werden großzügiger.

Die Veränderung in uns geschieht, weil wir in der Meditation jener Kraft begegnen, die das ermöglichen kann. Wir alle wären gern freundlicher, verständiger, selbstloser, sympathischer, mitfühlender und so weiter. Aber gleichzeitig erkennen wir uns als schwache, sterbliche, fehlbare menschliche Wesen. Was wir in der Meditation erkennen, ist die Kraftquelle, die es uns ermöglicht, so zu leben. Wir entdecken, dass sich diese Kraftquelle genau im Zentrum unseres Seins befindet, in unserem eigenen Herzen. „Gott ist das Zentrum meiner Seele."

Das große Mysterium des christlichen Glaubens ist, dass diese Liebe in unseren eigenen Herzen gefunden werden kann, wenn man nur still und ruhig ist, und wenn man nur diese Liebe zum absoluten Zentrum seines Seins machen kann. Das heißt, sich mit ganzem Herzen dem zuzuwenden, ihm Aufmerksamkeit schenken. Sie nähern sich Ihrem Leben mit Liebe, weil Sie in Ihrem eigenen Herzen dem lebendigen Prinzip der Liebe begegnen. Hören Sie, was Paulus vorschlägt, wie wir in unseren Beziehungen miteinander sein sollten:

> *Ertragt euch gegenseitig und vergebt einander, wenn einer dem anderen etwas vorzuwerfen hat. Wie der Herr euch vergeben hat, so vergebt auch ihr! Vor allem aber liebt einander, denn die Liebe ist das Band, das alles zusammenhält und vollkommen macht.* Kolosser 3,13-15

Das Wichtigste, das wir als Christen der Welt verkünden müssen, jedem verkünden müssen, ist, dass dieser Geist in der Tat in unserem Herzen wohnt. Wenn wir uns ihm ganz zuwenden, dann können auch wir aus dieser Fülle der Liebe leben. Auch wir können aus dieser Kraft leben, die das Königreich Gottes ist. Ein Aspekt der Disziplin, das Mantra aufzusagen, ist, dass sie uns lehrt, in dieser Liebe zu verbleiben, komme, was wolle. Nichts wird unsere Überzeugung erschüttern, dass Gott ist, dass Gott Liebe ist, und dass seine Liebe in unserem Herzen wohnt.

8.10 Der Weg der Weisheit

Weisheit ist einfach die Gabe, zwischen Illusion und Wirklichkeit unterscheiden zu können.

Hören Sie Paulus dazu:

> *Der Gott Jesu Christi, unseres Herrn, der Vater der Herrlichkeit, gebe euch den Geist der Weisheit und Offenbarung, damit ihr ihn erkennt. Er erleuchte die Augen eures Herzens, damit ihr versteht, zu welcher Hoffnung ihr durch ihn berufen seid ...*
> Epheser 1,17-18

Das Wissen, dass wir in der Meditation erlangen, besteht nicht einfach aus neuen Datensätzen auf der Festplatte der Erinnerung. Das Wissen, dass wir in der Meditation erlangen, ist Weisheit – die Bedeutung dessen zu kennen, was wir tun, es aus einer gewissen Perspektive heraus zu wissen. Weisheit ist einfach Wissen aus einer göttlichen Perspektive, alles aus der Perspektive der Ewigkeit zu wissen.

Weisheit ist die Kapazität, sich auf das Wirkliche zu fokussieren und die Illusion abzulehnen oder wenigstens die Illusion als solche zu erkennen, als trivial, vergänglich, flach und zweidimensional. Der wahrhaft spirituelle Mann oder die wahrhaft spirituelle Frau besitzt fokale Tiefe, kann Dinge in ihren Beziehungen sehen, denn alles wird in der Relation zum göttlichen Zentrum gesehen. Wir brauchen diese Weisheit und wir brauchen sie unbedingt, wenn wir unser Leben erfüllt, ernsthaft, gewissenhaft und liebend leben wollen. Um unsere Leben liebend zu leben, müssen wir mit der Liebe in Kontakt stehen als der Quelle unseres Seins.

Um in diese Wahrheit einzutreten, müssen wir lernen gesammelt zu sein. Wir müssen uns selbst sammeln. Wir müssen achtsam werden, daran denken, wer wir sind und wo wir sind und warum wir sind. Wir müssen einen Frieden in uns selbst finden. Dieser Friede, diese Achtsamkeit, diese Sammlung wird es uns ermöglichen, diese Fokussierung auf das göttliche Zentrum zu beginnen, dieses Zentrum, aus dem alles fließt und zu dem alles fließt. Meditation ist Erlangen von Harmonie mit diesem großartigen Fluss des Lebens aus ihm, mit ihm, zu ihm.

Indem wir unser ganzes Sein fokussieren, unsere ganze Aufmerksamkeit auf das göttliche Zentrum richten, das zur gleichen Zeit in unseren eigenen Herzen ist und völlig fern von uns in der Tiefe Gottes ist, werden wir zur Weisheit geführt. Somit werden wir zu dem Wissen geführt, was wichtig ist im Leben: zu unterscheiden, was ernst und wesentlich ist und was trivial, frivol oder vergänglich ist.

Eines der Dinge, die wir verstehen müssen, ist, dass diese Meditation, dieses Streben nach Weisheit und Liebe, völlig einfach und natürlich stattfinden muss. Die Meditation muss in den normalen Tagesablauf eingebaut werden. Wir müssen lernen, das ganze Leben als etwas zu betrachten, das mit dem Göttlichen versehen ist, als etwas, das in Harmonie mit dem Göttlichen steht. Die spirituelle Suche, die spirituelle Aufforderung stellt unser Leben, uns selbst in den Fokus der ultimativen Wahrheit, nicht auf eine selbstsüchtige Art, sondern auf eine sehr einfache kindliche Art. Durch das Stillsein, durch die Aufmerksamkeit und durch das Sich-bewusst-Werden desjenigen, der uns liebt.

Um für diese große Aufgabe im Leben vorbereitet zu sein, müssen wir lernen, auf die bescheidenen Aufgaben zu vertrauen. Die Meditation ist eine sehr bescheidene und einfache Pilgerreise, die uns auf dieses Fokussieren unserer Leben auf das göttliche Zentrum vorbereitet. Unser Leben wird genährt von dem Saft, der Energie, die der Wurzel allen Seins entspringt. An jedem Morgen und an jedem Abend unseres Lebens werden wir sesshaft. Wir sammeln uns. Wir werden gewissenhaft. Wir wenden uns in die Richtung des göttlichen Zentrums. Wir fokussieren uns. Das tun wir mit dem einfachen

Mittel, unser Wort aufzusagen. Wir verbannen alle Bilder, die eine Wand zwischen uns und der Realität errichten, indem wir alle Symbole zerstören und es dem reinen, brillanten Licht der Wirklichkeit, dem brillanten Licht von Gottes Geist, der in unseren Herzen scheint, wie Paulus es formuliert, erlauben, die oberste Wirklichkeit für uns zu werden.

Diese Aufgabe ist nicht zu schwer für uns. Wir müssen nicht über die Meere fahren, um sie zu finden. Wir müssen nicht andere darum bitten, es für uns zu tun. Diese Wirklichkeit ist nahe bei uns. Sie ist in unserem Herzen, wenn wir nur die Mühe auf uns nehmen, zuerst das Königreich Gottes zu suchen, das Königreich, dass in unserem Herzen ist, das Königreich, das Jesus selbst in unserem Herzen errichtet hat. Dazu braucht es einfache Treue, Gläubigkeit und gesunden Menschenverstand. Gesunden Menschenverstand, der uns sagt, dass wir immer trinken müssen, trinken aus dem Springbrunnen des Lebens. Wenn wir dort trinken, dann wird alles in unserem Leben seinen Fokus bekommen, sobald wir uns auf das göttliche Zentrum fokussieren.

Hören Sie Paulus:

> *Angesichts des Erbarmens Gottes ermahne ich euch, meine Brüder, euch selbst als lebendiges und heiliges Opfer darzubringen, das Gott gefällt; das ist für euch der wahre und angemessene Gottesdienst. Gleicht euch nicht dieser Welt an, sondern wandelt euch und erneuert euer Denken, damit ihr prüfen und erkennen könnt, was der Wille Gottes ist: was ihm gefällt, was gut und vollkommen ist.*
> Römer 12,1-2

Das ist eine wunderbare Beschreibung der Meditation: „Erneuert euer Denken." Das Mantra aufzusagen ist, als würde man die Tafel des Bewusstseins wischen, sodass unser Bewusstsein mit dem Wissen um die Liebe Gottes gefüllt werden kann. Es ist diese Fülle, die uns transformiert, der Wille Gottes ist klar, und wir suchen, was gut und vollkommen ist.

8.11 Der Weg der Erleuchtung

Eines der Worte, das man benutzt, wenn man den Zweck der Meditation beschreiben will, ist das Wort „Erleuchtung". Wir werden „erleuchtet". Johannes beschreibt in seinem Evangelium den Zweck der Ankunft Christi als das Vertreiben der Dunkelheit. Er spricht von der Macht des Lichtes Christi, die so groß ist, dass die Dunkelheit es nicht übertreffen kann, es nicht auslöschen kann.

Uns allen ist bewusst, dass es sehr viel Dunkelheit in der Welt gibt. Wir hören jeden Tag von furchtbarer Ungerechtigkeit, von Gewalt, von Hass, von Fehde, von Habsucht und so weiter. Wir sehen dies sowohl auf persönlicher als auch auf internationaler Ebene. Wir sind uns alle der Dunkelheit in uns nur allzu bewusst. Wir erkennen, dass auch wir eine dunkle Seite haben. Auch wir haben die Fähigkeit, unser Leben derart zu führen, dass wir wissen, dass es so nicht wirklich unserer menschlichen Bestimmung würdig ist.

Wenn wir mit der Meditation beginnen, dann beginnen wir zu verstehen, dass wir die Erfahrung der Meditation nicht nur mit einem Teil unseres Seins betreten können. Alles, was wir sind, das Ganze unseres Seins, muss in das Eintreten in die Ganzheit, unserer persönlichen Ganzheit und Harmonie, einbezogen werden. Anders ausgedrückt kann man sagen, dass jeder Teil unseres Seins offen für das Licht sein muss. Jeder Teil von uns muss ins Licht kommen. Wir meditieren nicht bloß, um unsere religiöse Seite oder unsere religiösen Fähigkeiten zu entwickeln. Der wahrlich spirituelle Mann und die wahrlich spirituelle Frau sind in Harmonie mit jeder Fähigkeit, die er oder sie besitzt. Und darum machen der wahrlich spirituelle Mann und die wahrlich spirituelle Frau alles, was sie tun, mit der größtmöglichen Perfektion, der größtmöglichen Liebe und daher mit der größtmöglichen Freude.

Die Meditation ist kein Prozess, in dem wir versuchen, das Licht zu sehen. In diesem Leben können wir nicht das Licht vollständig sehen und dann mit dem Leben weitermachen. Die Meditation ist der Prozess, bei dem wir in das Licht kommen, der Prozess, bei dem wir beginnen, alles zu sehen, das Ganze der Realität. Wir beginnen, alles durch die Macht des Lichtes zu sehen. Jesus sagt uns, dass die Macht des „Lichtes“ Liebe ist. Die Prüfung unseres Fortschritts beim Meditieren besteht darin, wie weit wir uns in diesen Zustand hineinbewegen, in dem wir alles und jeden mit dem Licht Gottes sehen. Durch das Licht der Liebe zu sehen, lässt uns auch alles lieben. Nicht richten, nicht ablehnen, sondern jeden und die gesamte Schöpfung durch dieses Licht zu sehen, das wir in unserem Herzen entdecken müssen.

Halten Sie jeden Morgen und jeden Abend Zeit Ihres Lebens bereit. Während dieser Zeit müssen wir für das Licht, für Gott, für die Liebe offen sein. Nicht unsere eigenen Gedanken denken, nicht unsere eigenen Pläne schmieden, sondern in eine immer tiefere Stille eintreten, eine immer tiefere Verehrung – unser Sein wird in Gott verwurzelt.

Rezitieren Sie Ihr Wort, Ihr Mantra, friedlich und gelassen und lassen Sie es tief in Ihr Sein einsinken. Es bildet in Ihnen eine Resonanz, jeder Teil Ihres eigenen Seins in Resonanz mit Gott. Wenn wir diese Resonanz betreten, dann treten wir selbst in das Licht seiner Liebe.

Die Botschaft, die Jesus uns bringt, ist, dass jeder von uns in diesem Raum letztendlich aufgefordert ist, nicht nur mit dem Licht zu sehen, sondern das Licht an sich zu sehen. In diesem Moment werden wir ganz eins mit dem Licht. Das ist der Moment, wenn wir „am Geist Gottes teilhaben“, wie es Paulus formuliert.

Hören Sie, was Paulus an die Korinther schreibt:

> *Denn Gott, der sprach: Aus Finsternis soll Licht aufleuchten!, er ist in unseren Herzen aufgeleuchtet, damit wir erleuchtet werden zur Erkenntnis des göttlichen Glanzes auf dem Antlitz Christi.*
>
> 2. Korinther 4,6

Der Weg der Meditation ist der Weg, uns selbst, so weit wir können in diesem Leben, Jesus Christus zu öffnen. Er ist unser Licht. Er ist unsere Erleuchtung. Die Fülle seines Geistes wohnt in unseren Herzen, die Aufgabe der Christen ist es, dies alles mitsamt all seiner Macht und mitsamt all seinem Wunder in der Tiefe unseres Geistes zu verstehen. Unser Evangelium, das Evangelium, das wir predigen, ist ein Evangelium der Herrlichkeit Christi, eine Herrlichkeit, die durch die Geschichte hindurchscheint, und eine Herrlichkeit, die in jedem von uns scheint.

Wenn wir jeden Morgen und jeden Abend meditieren, dann legen wir alles andere beiseite und sind offen für dieses Licht. Wir versuchen, diesem Licht zu folgen und von ihm erhellt zu werden. Das Wunder der Meditation besteht darin, dass alles in unserem Leben, das nicht mit dem Licht übereinstimmt, einfach von diesem Licht verbrannt wird, wenn wir nur auf die Meditation vertrauen.

8.12 Der Weg des Friedens

Ich möchte mit Ihnen über die Meditation als einen Weg des Friedens sprechen, einen Weg zum Frieden. Hören Sie einfach die Worte Paulus:

> *Ihr hattet keine Hoffnung und lebtet ohne Gott in der Welt. Jetzt aber seid ihr, die ihr einst in der Ferne wart, durch Christus Jesus, nämlich durch sein Blut, in die Nähe gekommen. Denn er ist unser Friede.* Epheser 2,12-14

Im Neuen Testament ist dieser Friede die größte Eigenschaft, die man besitzen kann. Er geht über das Verstehen hinaus. Aber damit wir in diesen Frieden eintreten können, müssen wir in die Erfahrung der Meditation eintreten.

Frieden ist keine unbewegliche Eigenschaft. Frieden ist voller Lebendigkeit. Er ist wie das fröhliche Wohlgefühl, das sich einstellt, wenn wir uns in wahrer Harmonie befinden, jeder Teil unseres Seins in Harmonie ist. Was man entdecken kann, wenn man in der Meditation verharrt, ist, dass nicht nur unser Leben eine innere Übereinstimmung gefunden hat (das ist natürlich unbedingt ein erster Schritt für jeden von uns), sondern es ist etwas viel größeres als das. In der Meditation finden wir unseren inneren Widerhall in Gott.

Als Mönche müssen wir Ihnen sagen, dass keiner sein Leben nur zu zehn Prozent seines Potenzials leben muss. Jeder von uns muss hundert Prozent seines Potenzials leben. Wir müssen in diesen tiefen inneren Widerhall in Gott eintreten. Es ist nicht so, dass wir nur dazu aufgerufen sind, in Widerhall *mit* Gott zu sein, sondern *in* ihm. Das ist unsere Aufforderung, das ist unsere Bestimmung – Frieden jenseits von uns selbst in Gott zu finden.

Die große Versuchung für uns heute ist, den Frieden als einen Zustand zu betrachten, der herbeigeführt werden kann.

Unsere Kultur sagt uns, dass wir jeden emotionalen Zustand herbeiführen können, den wir wollen, durch chemische Hilfsmittel oder durch reine Willensanstrengung. Aber Frieden in seiner spirituellen Bedeutung, in seinem spirituellen Sinn, ist nichts, was herbeigeführt werden kann, sondern etwas, in das wir eintreten müssen. Es ist nichts, über was irgendwer von uns verfügen kann, indem er auf ein oder zwei seiner Fähigkeiten zurückgreift. Es ist etwas, dass ganz von der Übereinstimmung aller unserer Fähigkeiten abhängt, all unseres Potenzials.

Der Friede, den wir in unserer Welt sehen wollen, kann nicht mit Gewalt hervorgerufen werden. Man kann einen Menschen dazu zwingen, seine Waffen niederzulegen, wenn man selbst größere Waffen hat. Aber man kann niemanden dazu zwingen, friedlich zu sein. Wir selbst können keinen Frieden kennen, wenn wir nicht selbst diese Freundlichkeit, diese Friedfertigkeit leben. Wenn Sie Ihr Gegenüber mit vorgehaltener Waffe dazu zwingen, friedlich zu sein, dann werden Sie immer in Angst leben, dass er stärker werden könnte als Sie, dass er eine neue geheime Waffe entwickeln könnte.

Das Einzige, was in unserer Welt Frieden schaffen kann, ist die Kraft des Friedens, den man im Herzen der Menschen gefunden, erkannt und erfahren hat. Dieser Friede ist unbesiegbar, wenn wir ihn selbst erst einmal als die Basis und Grundlage unseres Seins erkannt haben. Er ist stärker als jede Gewalt und stärker als jede Angst, denn Friede ist schöpferisch. Er ist geduldig, er weiß, wie man etwas über sich ergehen lässt, während die Gewalt ungeduldig und zerstörerisch ist.

Diese Wahrheiten müssen wir alle in unserer persönlichen Erfahrung erkennen. Wir können keinen Frieden in uns finden, wenn wir in irgendeiner Form gewalttätig gegen uns sind. Wir laufen nicht unseren Ängsten davon, unserer Selbst-Ablehnung, unseren Befürchtungen, unseren Unsicherheiten, unseren Verdrängungen durch irgendeine Form der Gewalt.

Wir erreichen die Fülle des Lebens, indem wir tief aus dem Brunnen des Lebens trinken. Dieser Brunnen des Lebens entspringt in unseren eigenen Herzen.

In der christlichen Lehre ist Friede nicht nur ein Seinszustand. Er ist ein Mensch, Jesus Christus. Er selbst ist unser Friede. In der christlichen Lehre des Neuen Testaments erhebt sich der Friede aus Harmonie, aus der Gemeinschaft mit Gott. „Friede ist mein Geschenk an euch", sagt Jesus. In seiner bedeutenden Rede beim letzten Abendmahl, wie es Johannes uns beschreibt, spricht Jesus von seiner Rückkehr zum Vater, und dann fügt er hinzu: „Dies habe ich zu euch gesagt, damit ihr in mir Frieden habt." (Johannes 16,33)

Die Meditation ist unser Weg zum Frieden. Eine Verpflichtung zur Stille ist der erste Schritt, diesen Frieden in Christus zu finden.

8.13 Der Weg der Aufmerksamkeit

Dies sind die Worte der Bergpredigt:

> *Euch aber muss es zuerst um sein Reich und um seine Gerechtigkeit gehen; dann wird euch alles andere dazugegeben.* Matthäus 6,33

Uns auf das Königreich Gottes richten. In der Vergangenheit gab es zwei außergewöhnliche Denker, die einen sehr großen Einfluss auf unsere Gesellschaft hatten. Es sind Simone Weil und E. F. Schumacher. Simone Weil glaubte, dass die wichtigste Eigenschaft, die wir in unserem Leben erreichen könnten, das sei, was sie als „selbstlose Aufmerksamkeit" bezeichnete. Fritz Schumacher kam zu derselben Einsicht. Er nannte die selbstlose Aufmerksamkeit, von der Simone Weil sprach, einfach Aufmerksamkeit – lernen, aufzumerken. Beide waren von der Tradition beeinflusst, von der wir sprechen, der Tradition des kontemplativen Gebetes, der Tradition des Meditierens, die von den ersten klösterlichen Vätern herrührt.

Das ist die entscheidende Lehre, die wir aus der Meditation ziehen müssen: ganz und gar aufzumerken, aufmerksam zu sein. Wir alle wissen aus der Bergpredigt, dass sich ein jeder von uns nicht nur ändern muss, sondern transformiert werden muss. Aus den Schriften des Paulus wissen wir auch, dass wir nur in Christus transformiert werden können, durch Christus und mit Christus.

Wenn Sie etwas in Ihrem Leben ändern wollen, dann stehen Ihnen zwei Möglichkeiten offen. Sie können versuchen, diese Veränderung zu wollen; Sie können versuchen, Ihr Leben durch Willensanstrengung in eine neue Richtung zu lenken. Ich denke, die meisten von uns haben erfahren, dass unser Wille erstaunlich schwach und erschreckend unbeständig ist. Es gibt einen anderen Weg, und der andere Weg ist der Weg der völligen Offenheit der gesamten Person. Es ist nicht der Weg der Absicht, sondern der Weg der Aufmerksamkeit.

Sie erinnern sich vielleicht daran, wie es war, als Sie das erste Mal zur Meditation kamen und ich Ihnen von meinen Wochenend-Wanderungen im Dschungel erzählte, als ich noch im Fernen Osten lebte, und wie die malaysischer Diener immer Angst hatten, ich könnte vom Tiger gefressen werden. In tödlicher Angst, mit schrecklicher Hingabe, begleiteten sie mich auf meinen Wanderungen und plötzlich sagte einer von ihnen: „Da ist ein Tiger." Und wir alles standen völlig still da und lauschten angespannt dem, was um uns herum war. Wir hörten nicht nur auf den Tiger, sondern auf alles, was zu vernehmen war. Wir wussten: Würden wir uns dadurch ablenken lassen, auf ein einzelnes Geräusch zu hören, zum Beispiel ein Affengeschnatter im Baum, dann könnte das die letzte Ablenkung in unserem Leben sein.

Diese Art des absolut aufmerksamen Hörens, die wir im Dschungel erfahren haben, ist die Art der Aufmerksamkeit, die wir brauchen, wenn wir die Worte Christi verstehen wollen. Ich denke nicht, dass es zu weit hergeholt oder übertrieben ist, zu sagen, dass wir lernen müssen, aufzumerken, wenn wir die Bergpredigt verstehen wollen.

Wir müssen lernen, aufmerksam zu sein. Warum ist das so wichtig? Warum sollte diese selbstlose Aufmerksamkeit, von der Simone Weil spricht, so mächtig sein? Weil wir im Akt des Aufmerksamseins unser Ego transzendieren. Was kann es sein, das uns dazu führen könnte, die Wirklichkeit falsch zu verstehen, was könnte uns in die Irre führen, außer dem Ego?

Wenn wir lernen, aufmerksam zu sein, dann lernen wir, mit absoluter Klarheit zu sehen, was vor uns liegt. Wir lernen zu hören, was uns gesagt wird. Mit anderen Worten: Wir lernen, völlig offen für die Wirklichkeit zu sein. Das ist es, was Jesus von jedem von uns verlangt. Das ist es, wozu er jeden von uns auffordert: eine völlige Empathie mit göttlicher Liebe. Ohne solch eine Aufmerksamkeit, ohne solch eine selbstlose Aufmerksamkeit, können wir niemals auf die andere Seite gehen, niemals wirklich hören, sehen oder erfahren, was ist.

Alles, was wir sehen oder hören oder erfahren ist von dem Prisma unseres Egos zerstreut. Wenn wir lernen, das Mantra zu sagen, dann lernen wir, all unsere eigenen begrenzten, zerstreuten Ablenkungen hinter uns zu lassen. Wir werden in die göttliche Realität aufgenommen. Das ist das Einssein, von dem Jesus in seinem Gebet im Johannesevangelium spricht: „dass wir eins sein werden". Die mittelalterlichen englischen Mystiker nannten das Gebet einen Prozess des „Einens", eins zu werden.

Nun, das Mantra aufzusagen ist einfach unser Beginn auf dem Pfad zur selbstlosen Aufmerksamkeit, der Scheinwerfer unseres Bewusstseins weg von uns selbst, nach vorn gerichtet. Wir werden wie das Auge, das sich selbst nicht sehen kann, das alles sieht. Wir beginnen, zu sehen (und das ist das Besondere an der christlichen Berufung), wir beginnen, alles zu sehen, wie Christus es sieht. Mit anderen Worten: Wir beginnen, es in seinem Licht zu sehen.

Weiterführende Literatur in deutscher Sprache

John Main: Der Pfad der Meditation, Otto Müller Verlag, Salzburg 1985

John Main: Das Herz der Stille, Herder Verlag, Freiburg 2002

Laurence Freeman: Jesus – der Lehrer in dir, Aurum Verlag, Bielefeld 2005

Weiterführende Literatur in englischer Sprache

Awakening, John Main, London, Medio Media/Arthur James, 1997

Christian Meditation: The Gethsemani Talks, John Main, The World Community for Christian Meditation, 1977; Medio Media, 1999; Singapore, Medio Media, 2007

Community of Love, John Main, London, Darton, Longman & Todd, 1990; New York, Continuum, 1999

Silence and Stillness in Every Season: Daily Readings with John Main, ed Paul Harris, London, Darton, Longman & Todd, 1997

Door to Silence: An Anthology for Christian Meditation, John Main, ed Laurence Freeman, Norwich, Canterbury Press, 2006

John Main: A Biography in Text and Photos, Paul Harris, Medio Media, 2001

John Main – By Those Who Knew Him, ed Paul Harris, London, Darton, Longman & Todd, 1991; Canada, Novalis, 1991; Singapore, Medio Media, 2007

John Main: Essential Writings, ed Laurence Freeman, New York, Orbis Books, 2002

Joy of Being: Daily Readings with John Main, ed Clare Hallward, London, Darton, Longman & Todd, 1987; USA, Templegate, 1988

Letters from the Heart, John Main, New York, Crossroad, 1982

Moment of Christ, John Main, London, Darton, Longman & Todd, 1984; New York, Crossroad, 1984

Monastery without Walls: The Spiritual Letters of John Main, ed Laurence Freeman, Norwich, Canterbury Press, 2006

The Heart of Creation, John Main, London, Darton, Longman & Todd, 1988; New York, Crossroad, 1988; New York, Continuum, 1998

The Inner Christ, John Main, London, Darton, Longman & Todd, 1987. (Combines *Word into Silence, Moment of Christ*, and *The Present Christ*)

The Present Christ, John Main, London, Darton, Longman & Todd, 1985; New York, Crossroad, 1985

The Way of Unknowing, John Main, London, Darton, Longman & Todd, 1989; New York, Crossroad, 1989

Word into Silence: A Manual for Christian Meditation, John Main, ed Laurence Freeman, London, Darton, Longman & Todd, 1980; New York, Paulist Press, 1981; New York, Continuum, 2001; Norwich, Canterbury Press, 2006

Word made Flesh, John Main, London, Darton, Longman & Todd, 1993; New York, Continuum, 1998

Audioaufnahmen von John Main in englischer Sprache

Being on the Way, John Main, Medio Media, 1991

Christian Meditation: The Essential Teaching, John Main, Medio Media, 1991

Communitas, Volumes 1–5, John Main, Medio Media, 1991

Fully Alive, John Main, Medio Media, 1991

In the Beginning, John Main, Medio Media, 1991

The Hunger for Depth and Meaning: Learning to Meditate with John Main, compiled Peter Ng, Singapore, Medio Media, 2007

The Life and Teachings of John Main, Laurence Freeman, Medio Media, 2002

The Christian Mysteries, John Main, Medio Media, 1991

The Door to Silence, John Main, Medio Media, 1991

The Last Conferences, John Main, Medio Media, 1991

Word made Flesh, John Main, Medio Media, 1991

Englischsprachige Bücher und Audioaufnahmen sind erhältich bei Medio Media: www.mediomedia.org

WCCM – Weltgemeinschaft für Christliche Meditation (World Community for Christian Meditation)

Die Weltgemeinschaft für Christliche Meditation (WCCM) wurde 1991 gegründet. Sie führt John Mains Vermächtnis, die christliche Meditation zu lehren und die kontemplative Dimension des christlichen Glaubens wieder im Leben der Kirche aufzubauen, fort.

Die Gemeinschaft wird von Laurence Freeman OSB geleitet, einem Schüler John Mains und Benediktinermönch der olivetischen Kongregation. Die Weltgemeinschaft hat ihr internationales Zentrum und ihr Retreathaus in London. Darüber hinaus gibt es eine ganze Reihe weiterer Zentren in anderen Teilen der Welt (Adressen finden sich auf den folgenden Seiten).

Die WCCM ist folglich ein „Kloster ohne Mauern“, eine Familie von Gemeinschaften in über 100 Ländern. Die Basis dieser Gemeinschaft sind die lokalen Meditationsgruppen, die sich wöchentlich in Privatwohnungen, Gemeinden, Büros, Krankenhäusern, Gefängnissen, Schulen und Universitäten treffen. Die Weltgemeinschaft arbeitet eng mit vielen christlichen Kirchen zusammen.

Jährlich werden das John-Main-Seminar und die Way-of-Peace-Seminare veranstaltet. Darüber hinaus werden Retreats, Schulungen für das Training von Meditationslehrern, Seminare, Vorträge und weitere Programme gesponsert. Die WCCM fördert ebenfalls den interreligiösen Dialog, in den letzten Jahren besonders mit dem Buddhismus und dem Islam.

Ein vierteljährlich erscheinender Rundbrief mit Neuigkeiten aus der Weltgemeinschaft kann kostenlos abonniert werden und ist auch online verfügbar. Wöchentlich werden inspirierende Texte per E-Mail verschickt. Informationen zu aktuellen Seminaren und Vorträgen, Kontaktadressen zu nationalen Koordinatoren und Meditationsgruppen können auf der Internetseite der WCCM ebenso gefunden werden wie ein großes Angebot an Online-Audio-Vorträgen.

Diese Internetseite ist der Dreh- und Angelpunkt einer wachsenden Internet-Präsenz: Die Seiten der nationalen Gemeinschaften und spezieller Interessen wie das Lehren von Meditation für Kinder oder der zeitgemäßen Spiritualität von Priestern.

Medio Media ist der Kommunikations- und Veröffentlichungsarm der WCCM und bietet ein großes Angebot an Büchern, Audio- und Videoaufnahmen, um die Praxis der Meditation zu unterstützen.

WCCM International: www.wccm.org

WCCM Deutschland: wccm.de

The Spiritual Solution (speziell für jüngere Menschen):
www.thespiritualsolution.com

Medio Media: www.mediomedia.org

Zentren und Kontakte weltweit

Internationales Zentrum
The World Community for Christian Meditation
St Mark's
Myddelton Square
London, EC 1R 1XX
UK
Tel: +44 20 7278 2070
Fax: +44 20 7713 6346
Email: mail@wccm.org
www.wccm.org

Australien
Australian Christian Meditation Community
PO Box 246
Uralla New South Wales 2358
Tel:+61 2 6778 3284
Email:
leon@christianmeditationaustralia.org
www.christianmeditationaustralia.org

Belgien
Christelijk Meditatie Centrum
Beiaardlaan 1
B-1850 Grimbergen
Tel/Fax: +32 2 305 7513
Email: ccm@pandora.be
www.christmed.be

Brasilien
Comunidade de Meditacao Crista
Caixa postal 62559
CEP 22252 Rio de Janeiro
Brasil
Tel: +55 21 2523 5125
Email: ana.fonseca@umusic.com
www.wccm.com.br

Kanada
Christian Meditation Community
Canadian National Resource Centre
P.O. Box 552, Station NDG
Montreal, Quebec
H4A 3P9
Tel: +1 514 485 7928
Fax: +1 514 489 9899
Email: christianmeditation@bellnet.ca
www.meditatio.ca

Méditation Chretiénne du Québec
7400 boul. St. Laurent, Suite 526
Montréal, Québec H2R 2Y1
Tel: +1 514 525 4649
Fax: +1 514 525 8110
Email: medchre@bellnet.ca
www.meditationchretienne.ca

Chile
www.meditacioncristiana.cl

Tschechien
www.krestanskameditace.com

Frankreich
Communauté Mondiale de Méditants Chrétiens
126 rue Pelleport
75020 Paris
Tel: +33 1 40 31 89 73
Email: cmmc@wanadoo.fr
www.meditationchretienne.org

Deutschland
WCCM
Untere Leiten 12 d
82065 Baierbrunn
Tel: +49 89 68020914
Fax: +49 89 74424917
Email: hm.plotzki@gmx.de
www.wccm.de

Indien
Christian Meditation Centre
Kripa Foundation
Mt Carmel Church
81/A Chapel Road
Bandra (W)
Mumbai 400050
Tel: +91 22 640 5411
Fax: +91 22 643 9296
Email: frjoe@bom5.vsnl.net.in

Irland
Christian Meditation Centre
4 Eblana Avenue
Dun Laoghaire
Co. Dublin
Tel: +353 1 280 1505
Fax: +353 1 280 8720
E-mail: fergalgmcloughlin@gmail.com
www.wccmireland.org

Italien
Comunità Mondiale per la Meditazione Cristiana
Via Marche, 2/a
25125 Brescia
Tel: +39 030 224549
E-mail: wccmitalia@virgilio.it
www.meditazionecristiana.org

Japan
www.esuk.net/wccm

Litauen
www.jesus.lv

Malta
www.wccmalta.org

Mexiko
La Communidad Mundial de Meditacion Cristiana
Paseo de Golondrinas Closter 11-401
C.P. 40880
Ixtapa, Guerrero
Ubifone: 800-1320 1320
Tel: +52 755 55 3 01 20
E-mail: lucia_gayon@yahoo.com
www.meditacioncristiana.com

Niederlande
www.wccm.nl

Neuseeland
Christian Meditation Community
PO Box 15-402
Tauranga
Tel: +64 7 544 7955
Email: stanman@xtra.co.nz

Polen
www.wccm.pl

Singapur
World Community for Christian Meditation (Singapore)
Church of the Holy Family
6 Chapel Road
Singapore 429509
E-mail: shiuhsyn@singnet.com.sg
E-mail: daulet@pacific.net.sg
Tel: +65 67376279

Südafrika
www.wccm.co.za

Großbritannien
London Christian Meditation Centre
St Mark's
Myddelton Square
London EC1R 1XX
Tel: +44 20 7833 9615
Fax: +44 20 7713 6346
E-mail: uk@wccm.org
www.christian-meditation.org.uk

USA
WCCM-US National Information Center
627 N 6th Avenue
Tucson
Arizona 85705-8330
Tel: +1 800 324 8305 or +1 520 882 0290
Fax: +1 520 882 0311
E-mail: meditate@mediomedia.com
www.wccm-usa.org